中美残疾人体育服务供给比较研究

何文胜　著

北京体育大学出版社

策划编辑　李志诚
责任编辑　李志诚
责任校对　原子茜
版式设计　李沙沙

图书在版编目(CIP)数据

中美残疾人体育服务供给比较研究 / 何文胜著. --
北京：北京体育大学出版社，2020.12
ISBN 978-7-5644-3411-3

Ⅰ.①中… Ⅱ.①何… Ⅲ.①残疾人体育-对比研究
-中国、美国 Ⅳ.①G812.49

中国版本图书馆 CIP 数据核字(2020)第 273215 号

中美残疾人体育服务供给比较研究
ZHONGMEI CANJIREN TIYU FUWU GONGJI BIJIAO YANJIU
何文胜　著

出版发行：北京体育大学出版社
地　　址：北京市海淀区农大南路1号院2号楼4层办公B-421
邮　　编：100084
网　　址：http://cbs.bsu.edu.cn
发 行 部：010-62989320
邮 购 部：北京体育大学出版社读者服务部010-62989432
印　　刷：北京建宏印刷有限公司
开　　本：787mm×1092mm　1/16
成品尺寸：157mm×235mm
印　　张：9
字　　数：126千字
版　　次：2020年12月第1版
印　　次：2020年12月第1次印刷
定　　价：58.00元

序　言

2006年12月13日第61届联合国大会通过了《残疾人权利国际公约》，这是联合国首部具有法律约束力的残疾人国际公约，旨在全面保护残疾人的权益，它对全世界残疾人权益保障事业产生重要影响。《残疾人权利国际公约》的宗旨是促进、保护和确保所有残疾人充分和平等地享有一切人权和基本自由，并促进对残疾人固有尊严的尊重，其核心内容是确保残疾人享有与健全人相同的权利和自由，并能以正式公民的身份生活，从而在获得同等机会的情况下，为社会做出宝贵贡献。从这个公约可以看出，国际社会对于残疾人的尊重和权利保障已经达成共识，并逐渐形成一种尊重残疾人和保障残疾人权利的良好国际社会氛围，这是残疾人“人本”权利的回归，是人类文明和人类社会进步的里程碑。

2006年中国第二次残疾人人口普查结果显示，我国的残疾人口数量是8296万，占我国总人口的6.34%，是世界上残疾人口绝对数量最多的国家，而且每年因各种原因导致的新增残疾人数量以近百万的速度增加。2016年，《“健康中国2030”规划纲要》表明，体育在残疾人身体康复、心理健康等方面显示出独特的价值和无可替代的作用。在新的历史时期，如何满足和保障数量如此巨大的残疾人群体的康复和体育健身需求，事关“健康中国”目标和全面建成小康社会目标的顺利实现。

在我国日常生活当中，我们却难觅残疾人的踪迹，究其原因，我想大多是因为残疾人设施不健全，出行不便；同时社会中还有相当程度的偏见和歧视，使得大多数的残疾人只能蜗居家中，从而造成残疾朋友不愿出门，与社会产生隔阂，甚至有些性格自闭。鉴于此，我常常思考我国在发展残疾人事业当中的理念、政府服务供给的体制和机制、社会环境的营造等方面存在的问题，这是本书写作的动机。

本书运用制度经济学的研究范式对残疾人供给机制进行深入的分析和研究，提出分析和解决残疾人供给主体选择的理论模型，并指出在一定条件下，将部分残疾人体育产品由政府部门交给市场和第三方供给主体，这样可以节约交易费用，使之处于帕累托效率的状态。

美国是国际上残疾人体育发展最好的国家之一，体制相对健全，其政策理念、发展历程和现行制度有许多宝贵的经验值得我们吸收和借鉴。本书试图通过中美残疾人体育服务供给机制的跨文化制度比较研究，深入分析美国残疾人体育服务供给制度模式、供给主体变迁的动力和阻力机制以及美国政治体制、经济发展水平和社会人文环境等变量对于残疾人体育服务供给模式的影响规律，修正我国残疾人体育服务供给制度的理念误区，分析对残疾人体育服务供给主体的影响因素，探寻符合我国国情的残疾人体育服务供给制度范式，为丰富和完善我国残疾人体育服务供给模式提供新的思路，也为关注残疾人事业的朋友和相关人士提供参考。

本书在撰写过程中，参考了许多国内外的相关书籍、论文和其他资料，在此向原作者表示感谢！由于作者水平有限，书中可能有一些疏漏之处，恳请读者批评指正！

何文胜

2020 年 8 月

目　　录

1 导 论

1.1 研究背景与意义

1.1.1 研究背景

20 世纪 70 年代以来，残疾人以及残疾人问题受到了国际社会的广泛关注。近些年来，随着中国经济的迅猛发展，国家基础设施、人文环境、社会文化等建设取得了可喜的成绩，“构建和谐社会”的目标应运而生，如何进一步提升全体残疾人群体的幸福感，关系到整个社会的稳定与发展。1975 年，联合国大会就意识到残疾人问题的严重性而发表了《残疾人权利宣言》；1982 年，第 37 届联合国大会决定 1983—1992 年为“联合国残疾人十年”；2006 年 12 月 13 日，第 61 届联合国大会通过了《残疾人权利国际公约》，这是联合国首部具有法律约束力的残疾人国际公约，旨在全面保护残疾人的权益，它对全世界残疾人权益保障事业产生重要影响。《残疾人权利国际公约》的宗旨是促进、保护和确保所有残疾人充分和平等地享有一切人权和基本自由，并促进对残疾人固有尊严的尊重，其核心内容是确保残疾人享有与健全人相同的权利和自由，并能以正式公民的身份生活，从而在获得同等机会的情况下，为社会做出宝贵贡献。从以上国际法可以看出，国际社会对于残疾人的尊重和权利保障已经达成共识，并逐渐形成一种尊重残疾人和保障残疾人权利的良好国际社会氛围，这是残疾人“人本”

权利的回归，标志着人类文明的进步和社会的发展。

中国的改革开放始于20世纪70年代末，历经四十余年的高速发展，经济状况、社会结构、法制建设等诸多方面已经发生了翻天覆地的变化，中国与世界各国在各方面的联系也越来越密切，国际交流与往来日趋频繁，中国也正成为世界各国的关注焦点。当前，中国市场经济体制在中国特色社会主义理论体系的指导下已经初步构建，中国社会正处于前所未有的社会转型期。在这种重大的社会变革当中，以往适应计划经济时代的社会制度需要进行相应的调整或改革，以保障我国沿着健康、和谐的轨道发展，因此体制改革成功与否事关中国可持续发展的成败。作为中国残疾人事业和中国体育事业重要组成部分的中国残疾人体育制度也必须顺应这种历史潮流，吸收、借鉴先进的有益经验，取长补短，在制度框架、政策范式、管理模式等方面做出调整。

1.1.1.1 建设和谐社会要求重视残疾人这个庞大的特殊群体

据联合国不完全统计，全世界残疾人总数逾6.5亿，约占世界总人口的10%。2006年，全国第二次残疾人口普查结果显示，我国的残疾人总数达8296万，占我国总人口的6.34%，并且以每年近百万的速度增加。我国是世界上残疾人绝对数量最多的国家，相当于每16人中就有一名残疾人，以每个残疾人所在家庭3个人计算，这些残疾人涉及的人口约2.5亿，大约相当于我国总人口的1/5。可以毫不夸张地说，残疾人生活质量的小幅度改善就能对我们的社会环境产生非常大的影响。改善残疾人群体的生活状态，全面提高残疾人的生活质量，对于我国全面推进建设小康社会、构建和谐社会意义重大。

中华人民共和国成立以来，尤其是改革开放以来，我国残疾人体育事业从建立到逐步完善，取得了令世人瞩目的成就。然而由于各种原因，我国残疾人体育研究大多停留在体育运动能够促进残疾人身体健康、增强体质、强化心理健康、提高生活质量等生物学层面。近年来有学者专门研究探讨了残疾人体育促进心理康复、克服自卑、树立信心、融入社会的功能作用，随后学者对残疾人的潜能，以及感染社会等社会学、心理学方面的研究也日渐增多。然而，针对残疾人体育逻辑本质的研究，残疾人体育的本质再认识、功能重新定位、价值取向的正确回归以及对我国残疾人体育发展理念、管理体制和供给主体选择思考的研究却比较少见。

残疾人体育制度的完善对于残疾人本身而言能促进残疾人的全面发展与身心健康。因此，笔者认为必须从制度上保障残疾人群体平等自由地参与社会生活，和健全人一样享受人类社会的文明成果，逐步树立“健康、平等和融合”的价值理念，保障残疾人体育健康、可持续、快速地发展，这是我们的责任和义务。随着我国社会经济的快速发展，残疾人体育事业取得了巨大的成绩，但是，我们也必须清醒地看到我国关于残疾人社会保障的制度还不完善，很多残疾人的权利还不能从根本上得到保障，有些残疾人还没有完全融入社会生活，社会对残疾人朋友的偏见甚至是歧视还依然存在……残疾人体育制度的调整和改革亟待加强。

1.1.1.2 上海特奥会和北京残奥会引起我国对残疾人体育事业发展更广泛的关注

随着我国改革开放的深入以及与国际社会交往的日益频繁，我国开始广泛参与和举办一系列重大的国际体育赛事。进入 21 世纪以来，我国先后举办了 2007 年上海特奥会、2008 年北京残奥会以及 2010 年亚残运会等多项重大的国际残疾人体育盛会，这些赛事的举办对于我国残疾人体育事业的发展起到了巨大的推动作用，既是对我国残疾人体育事业的全面检验，同时也使我国的残疾人体育事业面临千载难逢的发展机遇和巨大的挑战。残疾人群体从被歧视和忽视，到获得全社会的重视和尊重，体现出社会的进步与人类的发展。2012 年结束的伦敦残奥会，中国残疾人体育代表团的金牌总数远远超过其他国家。越是在成绩面前，我们越要保持冷静的思考，特别是每一位有社会责任感的关注残疾人体育的社会科学研究者，这是责无旁贷的历史重任，因此加强对残疾人体育的机制研究显得相当紧迫和重要。

1.1.1.3 相关学科的发展为我国残疾人体育的研究奠定了良好的基础和多学科、多视角的平台

我国的残疾人体育研究以往大多集中在教育学和医学领域，随着人类自然科学和社会科学的发展，将残疾人体育研究置身于社会学、人类学、法学、经济学以及哲学等学科背景之下，为残疾人体育的研究扩宽了思路和视角。利用多学科的理论和学术成果从多个视角来诠释和审视残疾人体育，为我国残疾人体育的健康发展和深入研究提供了有力的工具，这有利于全面、正确认识残疾人体育，对深入研究和全面认识残疾人体育的本质起着积极作用。

1.1.1.4 国外残疾人体育的成功经验为我国的残疾人体育提供了借鉴

美国是残疾人体育开展得最好的国家之一，其近百年的残疾人体育发展，已经摸索出一套关于残疾人体育供给主体、选择标准以及管理模式的有益范式，有着许多成功的经验值得借鉴。通过借鉴美国残疾人体育机制的发展历程和历史演变，有助于我们进行分析比较研究，有利于发现其他国家成功的做法，了解自身残疾人体育事业发展的短板，修正我国残疾人体育的发展理念，探寻适合我国国情的残疾人体育发展道路，解决残疾人体育事业发展的瓶颈问题。

1.1.2 研究意义

2002 年，我国的人均 GDP 首次突破 1 000 美元，2008 年便达到了人均 3 000 美元。国际经验表明，当一个国家或者地区人均 GDP 超过 3 000 美元之后，城镇化、工业化的历史进程会加快，居民的消费种类、消费行为模式也会发生重大的转变。我国 8 300 万的残疾人应该与健全人一样共享改革开放的成果，广大残疾人朋友的生活目前已经得到了明显的改善，在此基础上残疾人对于体育的需求也日趋增加。但

是实际情况是，改革开放以来，广大残疾人由于自身素质的限制，他们的合理诉求有时候不能够通过一定的渠道传递给社会，导致残疾人体育成为残奥会、残疾人运动员的代名词，广大残疾人群体的体育权利并不能完全从制度上得到保证。

随着我国全面建成小康社会，我国政府开始对经济、社会的全面协调发展进行思考，对于残疾人体育发展领域的制度体系也开始进行完善。

本研究试图通过制度比较，探寻适合我国国情的残疾人体育发展模式和机制，从制度上保障广大残疾人的体育权利，同时保障残疾人体育事业改革健康、顺利发展，这对于构建社会主义和谐社会和全面建成小康社会在理论上和实践上都具有重要的现实意义。

1.2 概念界定与研究对象

关于残疾的概念认识，笔者在梳理文献时发现，理论界对于残疾的认识是一个不断深化、不断重新审视的过程。随着人类社会、经济的发展以及相关学科（包括医学、经济学、心理学、社会学等）的健全，人类对于残疾的认识逐渐深入，各国关于残疾概念的理解日趋相同。但是，由于各国历史、文化背景、人文以及相关法律法规的不同，各国对于残疾的相关界定和表述呈现出一定的差异，但这种差异主要表现在残疾概念的外延上，内涵上则基本一致。因此，建立在此基础上的残疾人体育概念属性，各国之间也存在着一定的差别。

1.2.1 残疾人

不同学者研究角度的不同，导致目前对残疾人的定义有些差异。有的从身体或心理的畸形或损失来定义，有的从临床的症状来定义，还有的从日常活动受限的角度来界定，等等。

联合国关于残疾的定义表述为：由于长期身体状况、精神状况或健康问题而有持续性的困难并限制其完成某种或某些活动（United Nations，1998）。另外，联合国第30届总会上的第3447号决议对残疾人做了如下定义：无论是否为先天性，由于身体或精神方面不健全，自身无法完全地或部分地完成正常人及社会生活所必需的事情的人。[1]

《中华人民共和国残疾人保障法》对残疾人的定义为："残疾人是指在心理、生理、人体结构上，某种组织、功能丧失或者不正常，全部或者部分丧失以正常方式从事某种活动能力的人。"残疾人的种类可分为："视力残疾、听力残疾、肢体残疾、语言残疾、智力残疾、精神残疾、多重残疾和其他残疾。"[2]

宋玉芳认为，在中国，残疾人就是指生理功能、解剖结构、心理状态的异常或丧失，部分或全部失去以正常方式从事活动的能力，在社会生活的某些领域中不便于发挥正常作用的人。[3]

美国学者在研究文献中对于残疾使用过很多个单词，如 handicapped，disability，disabled person，people with disability，adapted physical activity 等，这些词汇有着不同的侧重点，同时也反映美国残疾人观念的发展。1990年颁布的《美国残疾人法案》中对于残疾的定义是：残疾是指由于身体或精神上存在障碍，一种或多种主要的生活社会活动被大大限制（的状态）。一个个体被认为是残疾人，那么他（她）过去的损伤被认为是一种残疾。这种损伤可能包括身体的、感官的、认知的或是智力的障碍。精神障碍（也称为精神疾病或心理疾病）和各种慢性疾病也被认为是残疾。目前美国对于残疾（人）专有名词有较为一致的认识，即首先提到的是人，如"person with a disability""individual with a physical impairment"等。如此的目的就是使人们首先关注一个个体的人，而不是关注他们的残疾。

目前，我国未将器官摘除、老年性疾病、慢性疾病、内脏不全、疼痛、麻风病及艾滋病等列入残疾范围，这是我国与欧美等国的明显

---

〔1〕 邱卓英，刘智渊，刘凤娥，等．国际残疾统计比较研究［J］．中国康复理论与实践，2005，11（11）：958－960.

〔2〕 卢元镇．社会体育学［M］．北京：高等教育出版社，2002：223.

〔3〕 宋玉芳．残疾人体育的社会文化意义［J］．西安体育学院学报，2003，20（2）：22－24.

区别。如将上述各类人群纳入残疾人范围，我国的残疾人数量将大幅增加。

1.2.2 残疾人体育

与残疾（人）的概念类似，残疾人体育的概念由于时代和研究者视角的不同而呈现出不同。近年来，特殊体育、适应体育（适应身体活动）、障碍者体育、残疾人体育等不同的称谓层出不穷。

20 世纪 80 年代，学者对伤残人体育（adapted physical education for handicapped）做出过如下定义：伤残人体育是一门新兴的体育学科。它既是一门实践性较强的课程，也是与理论密切结合的实验科学。涉及的内容有：人体各系统的正常生理学、解剖学、伤残人的心理学、教育学、锻炼负荷量对健康的影响，以及对聋、哑、盲、截瘫和大脑神经麻痹者的训练方法、室内外健身游戏和身残者的竞赛活动等。这门新兴体育学科的特点是用科学的体育锻炼方法，促进伤残者康复身体的功能。[1]

宋玉芳则认为残疾人体育应当是残疾人以身体活动为基本手段，促进其残疾的康复及身心和谐发展的社会文化活动。残疾人体育与其他社会体育的区别在于残疾人群体有其独特的体育行为模式、体育心态、互动关系及体育活动方式。[2]

卢元镇教授把残疾人体育定义为：残疾人体育是残疾人及其群体在长期社会实践中形成的一种参与体育现象，是《全民健身计划纲要》实施的重要内容，是群体活动的重要评价指标。

残疾人体育有广义和狭义之分，广义残疾人体育是指残疾人所创造的有关体育的物质财富与精神财富的总和，是残疾人体育与整个社会体育的共性。狭义的残疾人体育是指残疾人所特有的体育行为模式、体育心态、互动关系及体育活动方式等。这也是残疾人体育区别其他

---

〔1〕 翁仁良．伤残人体育［J］．百科知识（北京），1983（12）：30.

〔2〕 宋玉芳．残疾人体育的社会文化意义［J］．西安体育学院学报，2003，20（2）：22－24.

社会体育的个性特质。[1]

卢元镇教授在《中国体育社会学》一书中对残疾人体育的定义是：残疾人体育也叫特殊体育、残障人体育，是当今世界大众体育潮流中不可忽视的一条支脉，是指视力、听力、言语、智力、精神、肢体等方面有缺损者，通过身体练习，以增强体质、促进健康、帮助康复、培养意志品质和生活自理能力为目的的体育活动。[2]

美国学者张加贝认为：特殊体育就是残疾人体育，即为带有伤残和患有疾病的人提供体育教学、身体锻炼、运动训练和娱乐康复的一门学科。[3]

美国特殊体育教育专家克罗蒂·雪瑞尔（Crotti Sherrill）对于适应体育（adapted physical activity）内涵的描述是：由改善心理动作不适，以利于达成其成就目标与自我实现，确立积极、主动的健康生活形态。[4]

综上所述，本研究所涉及的残疾人和残疾人体育概念是包括智障人士在内并涵盖了所有生理、心理、精神和社会适应能力障碍的各级各类残疾人及其参与的各种运动和身体活动，不但包括残疾人体育竞技比赛和群众体育，而且也包括残疾人体育教育及其他相关内容，是广义的残疾人体育。

1.3 研究的理论基础

1.3.1 公共产品供给理论

按照萨缪尔森的定义，公共产品是指任何一个人对某种物品的消

〔1〕卢元镇. 社会体育学［M］. 北京：高等教育出版社，2002：233.

〔2〕卢元镇. 中国体育社会学［M］. 北京：北京体育大学出版社，1996：4.

〔3〕张加贝. 试论特殊体育学的内涵和外延［J］. 武汉体育学院学报，2003，37（6）：56-58.

〔4〕SHERRILL C. Adaped physical activity，recreation，and sport：crossdisciplinary and lifespan［M］. 5th. ed. Boston，Mass.：WCB/McGrawHill，1998.

费不会减少其他人对这种物品的消费[1]。判断一种物品或服务是不是公共产品，主要看其是否具有公共产品的两个典型特征：非竞争性和非排他性。

公共产品可分为纯公共产品和准公共产品。在很多学者的研究中，公共产品（此处指纯公共产品）是指那些为整个社会共同消费的产品。严格地讲，它是在消费过程中同时具有非竞争性和非排他性的产品，也就是说，任何一个人对该产品的消费都不减少别人对它进行同样的消费。

非竞争性可以从以下两方面来界定：①边际成本为零。这里所述的边际成本是指增加一个消费者对供给者带来的边际成本没有什么变化。例如，幼儿园增加一个小朋友并不会导致幼儿园教育费用的增加。②边际拥挤成本为零。每个消费者的消费都不影响其他消费者的消费数量和质量。例如，国防、军事、外交、立法、司法和政府的公安、环保、市场管理以及从事行政管理的各部门所提供的公共产品都是属于这一类，不会随该时期一些人口的增加或减少而变化。此类产品增加消费者不会减少任何一个消费者的消费量，增加消费者不会增加该产品的边际成本。它在消费上没有竞争性，是消费者利益共享的产品。

非排他性是指某些产品投入消费领域，任何人都不能独占专用，而且要想其他人不参与该产品的消费，或者不允许其他人享受该产品的利益是不可能的，如果所有者一定要这样办，则要付出高昂的费用，而且也是不经济的，所以不能阻止任何人享受这类产品。例如，环境保护中清除了有毒有害空气、噪声等污染，还为人们带来了新鲜的空气和安静的环境，如果要排斥这一区域的其他人享受新鲜空气和安静的环境是不可能的，这就是说具有非排他性。

另外，纯公共产品还具有不可分割性，它的消费具有一定的完整性和不可分割性，是由众多的消费者共同享用的。如交通警察给人们带来的安全利益是由社会大众所共享的，且是不可分割的。可见，具

〔1〕 SAMUELSON P A. The Pure Theory of Public Expenditure ［J］. Review of Economics and Statistics, 1954 (36): 387 - 389.

有非竞争性、非排他性而且不能分割的纯公共产品具有公共消费的性质，即在消费这类产品时，消费者只能同时共享，而不能排斥其他任何人享用。从事行政管理的各部门所提供的公共产品都可以定义为这一类产品。纯公共产品不仅包括物质产品，还包括各种公共服务。这就是说，广义的公共产品既包括物质方面的公共产品，又包括精神方面的公共产品。纯公共产品一般由政府提供。

准公共产品亦称为“混合产品”。这类产品通常只具备上述两个特性的一个，而另一个则表现为不充分。第一类，具有非排他性和不充分的非竞争性的公共产品。例如，公共教育就属于这一类。教育产品是具有非排他性的。因为，对于处于同一教室的学生来说，甲在接受教育的同时，并不会阻止或排斥乙听课。就是说，甲在消费教育产品时并不影响乙对教育产品的消费，也不排斥乙获得利益。但是，教育产品在非竞争性上表现不充分。因为，在一个班级内，随着学生人数的增加，校方需要的课桌椅和公共设施也相应增加，教师批改作业和课外辅导的负担也会加重，学习成本会增加，故增加边际人数的教育成本并不为零，若学校的在校生超过某一上限，学校还必须进一步增加班级数和教师编制，校方成本会进一步增加。因而教育产品具有一定程度的消费竞争性。由于这类产品具有此类特征，因而称为准公共产品。

另一类是具有非竞争性特征，但非排他性不明显的准公共产品。例如，公共道路和公共桥梁就是属于这种类型。受公共道路的限制，甲车在使用道路的特定路段时，就排斥其他车辆同时占有这一路段，因为同时占用必然会产生拥挤现象。因此，公路的非排他性是不充分的，但同时公共道路又是具有非竞争性的。它主要表现为以下两个特点：一是公共道路的车辆行驶速度并不决定某人的出价，一旦交通堵塞，无论其出价高低，都会被堵塞在那里；二是当道路设计的流量足以满足车流量时，增加一定车流量的道路边际成本为零，但若达到或超过所设计的流量时便会变得非常拥挤，它需要资金的投入以解决拥挤问题，且无法以单辆汽车的投入来计算边际成本。正因为这类公共产品具有非竞争性和不充分的非排他性，因此也称为准公共产品。

纯公共产品的范围是比较狭小的，但准公共产品的外延较宽。如教育、文化、广播、电视、医院、应用科学研究、体育、公路、农林技术推广等事业单位，其向社会提供的均可以界定为准公共产品。准公共产品一般由准公共组织提供，也可以由私人或第三方来提供，本研究的研究对象残疾人体育就属于准公共产品。

1.3.1.1 公共产品供给主体

从世界各国发展残疾人体育事业的做法来看，残疾人体育的供给主体存在以下3 种形式：政府、市场及以第三部门为主体的自愿供给主体。

残疾人体育的政府供给是指政府通过合理的法律程序，以向社会征税为主要手段筹集资金，并在政府预算中单独安排支出以供给残疾人体育的供给方式。

残疾人体育的市场供给是指营利组织以市场为导向，按实际需求生产产品，并通过收费等方式补偿支出以供给残疾人体育、基础设施等公共产品的供给方式。

残疾人体育的第三部门供给是个人或单位自愿以社会捐赠或其他形式等无偿筹集资金，直接或间接用于残疾人教育、体育或基础设施等公益用途，并接受公众监督的供给方式。

1.3.1.2 公共产品供给主体选择

公共产品供给主体选择，就是指为了实现公共产品供给的目的，在公共产品的供给主体（政府、市场、第三部门）中选择一个供给主体或者一个供给主体的组合来供给公共产品的取舍行为。供给主体的组合包括政府—市场供给、政府—自愿供给、市场—自愿供给、政府—市场—自愿供给等多种供给组合模式。

（1）公共产品政府单一供给主体。

霍布斯在《利维坦》一书中对有关国家的职能论述从侧面体现出

公共产品政府供给的思想。他认为，公共产品的利益和效用虽然归个人享有，但出于成本问题和其他因素的考虑，个人本身难以承担，而只能由政府或者集体来供给。霍布斯的这一理论成果成为后来公共产品理论的最根本的理论基础之一。笔者认为，霍布斯在书中所宣导的思想是主张人的个性自由平等发挥，社会上的每一个人都是自由平等的，为了保卫和维护自身的利益，但又无法仅仅靠个人的力量来做到时，个人通过相互间的契约而创造和形成了国家与政府。他指出，国家的本质从根本上来讲是“一大群人相互签订信约，每个人都对它的行为授权，以便使它能按照其认为有利于大家的和平与共同防卫的方式运用全体的力量和手段的一个人格”。[1]

休谟在《人性论》中虽然没有明确地提出公共产品的概念属性和论述公共产品供给主体问题，但他论述了政府与社会的起源。他指出，我们人性中的缺憾让我们通过许诺的方式产生了政府机构，而政府的出现又使我们产生了忠顺的义务。虽然这种义务最初是建立在许诺的义务之上，但很快就独树一帜，并且有一种不依靠任何契约的最原始的约束力，即法律约束。从中我们可以分析出，休谟的《人性论》隐含了公共产品由政府供给的思想。他认为，人类是利益的追逐者，被利益所支配的，并且人们关注的焦点在于自己以及自己的亲人或有关系的人。但是，人们为了实现一己私人的利益，必须在维护许诺或者社会正义的前提下，完全遵守这一义务。然而个人利益与普遍利益并不是总能保持一致，由于人天性具有弱点和不足，比较看重眼前实际利益而忽视了长远的规划，往往会做出比较有利于眼前利益的行为，破坏社会公道。这样，相互影响和作用的人们就会最终陷入越来越严重的公道正义破坏当中。由于每个人都无法改变也没有动机去改变自身的人性弱点，因此，每个人都不得不遵守正义和国家公道法则的约束。但是，这种规则仅仅依靠每个独立的个体是无法建立的，只能依靠国家和政府的力量来完成。“只有少数人才可能办得到，这些人就是

---

〔1〕 霍布斯．利维坦［M］．黎思复，黎廷弼，译．北京：商务印书馆，1985：132.

我们所谓民政长官、国王和他的大臣、我们的长官……这就是政府和社会的起源。”休谟在书中还解释道，一千个人不能就一块草地的排水问题达成共同协议，但是两个邻居却可以很容易就此事达成共识，政治社会也可以依赖国家行政长官来克服这一难题，因为他们的利益反映的是“相当多的臣民的利益……于是，在政府的关怀下，桥梁建起来了……尽管政府是由一些具有全部人类弱点的人组成的，但它却是人类能够创造的最精密最微妙的作品，它在某种程度上克服了所有的这些弱点”。[1]

鲍德威和威迪逊等经济学家在萨缪尔森给出的公共产品的经典定义之后已经认识到公共产品的两大特性，并发现在完全自由竞争性的市场中无法提供公路、国防、教育、电子以及环境污染等产品，即市场供给失灵，在这种情况下唯一可行的办法是由政府直接提供公共产品。[2] 他们将公共产品政府供给的理论进行了进一步的探讨和深化。

王传纶、高培勇认为，公共产品或劳务市场供给是会存在失灵的，不能通过第三部门或者市场来供给，而只能通过政府部门来供给。由于公共产品或劳务具有效用的不可分割性（non - divisibility）、消费的非竞争性（non - rivalness）和收益的非排他性（non - excludability），导致价格信号的不对称性，价格不能充分地反映社会边际效益和社会边际成本，因而市场供给是无效的，它们只能通过政府部门来供给。[3]

邢福俊探讨了城市公共产品供给的主体选择范畴，认为从城市公共产品供给效率来看，城市所使用的公共产品也只能由城市政府来供给。其理由是，城市政府更接近于当地居民消费者，能更好地了解居民的消费需求和不同偏好，并且能有效地对当地的偏好及环境做出反

---

〔1〕 休谟．人性论［M］．关文运，译．北京：商务印书馆，1983：577 –579.

〔2〕 鲍德威，威迪逊．公共部门经济学［M］．邓力平，译．北京：中国人民大学出版社，2000：2.

〔3〕 王传纶，高培勇．当代西方财政经济理论［M］．北京：商务印书馆，1998：18 –24.

应，提供满足居民多样化的需要和公共产品，提高资源的配置效率。[1]

古典经济学家虽然没有明确地提出公共产品的概念属性和公共产品政府供给的系统理论，但是对公共产品供给运行过程的分析是在要求“依赖市场，不干预市场”的自然秩序条件下进行的，认为只有在某些特殊情况下，才需要公共供应以及为之筹集资金的课税。而这些条件实际上就是指公共产品不能依赖市场供给的情况，而必须通过政府供给及筹集资金的课税。休谟等古典经济学家也认识到现实生活中由于人的自私与天性等弱点，部分公共产品依靠市场供给会产生低效率问题，而只能通过政府供给。可见，休谟等古典经济学家只是从人性的弱点这个视角探讨了公共产品政府供给的必要性和逻辑性，但对于公共产品性质的本质认识还不够深刻，没有意识到公共产品供给过程中会产生交易费用和“搭便车”行为而导致的市场失灵和低效率问题。

（2）公共产品政府—市场供给主体。

亚当·斯密的《国民财富的性质和原因的研究》简称《国富论》，主要研究促进或妨碍国民财富发展的系列问题，论证资本主义制度比封建制度更能促进财富生产的最根本原因。它的中心思想是以人性论和自利心的自由放任思想为前提，也就是经济自由主义思想，他强烈反对重商主义经济政策，反对国家干预经济正常秩序和发展。

他在“论不同国家中财富的不同发展阶段”这一篇章详细分析了罗马帝国崩溃之后中世纪欧洲农业的衰落和城市的兴起的历史进程，论述了商业城市的发展怎样促进农村的繁荣。从历史发展中得出结论，经济要发展和进步，国民财富要增长，全靠有一个自由的社会经济制度。不过他认为，这种自由制度的建立仍然需要君主，并且需要他履行三项“非常重要，但一般人明白易懂”的职能。这些职责可以归纳如下：首先，保护整个社会免受其他国家势力的干涉与侵略；其次，

---

〔1〕邢福俊．城市公共物品供给的主体选择、效应分析与对策探讨［J］．中央财经大学学报，1999（9）：11－14.

保护社会上每一个成员的权利和自由避免受到其他成员的干涉；最后，提供某些公共制度或公共设施供社会大众所使用。随后，亚当·斯密还对每一项职责都进行了详细的解释与探讨。

亚当·斯密认为，尽管这些公共机构和公共产品对于一个国家来说是有益处的，但是对于个人或者少数社会个体来讲，它们产生的收益小于支出。因此，由这些个别人或者少数人来建立这种公共机构和这种公共设施的动力是不足的，因为他们不愿意为这些机构或者工程提供费用。[1] 这也说明了这样一个事实，国家公共部门必须为承担某些活动或设施提供必要的成本费用。对于公共产品的提供方式，亚当·斯密认为，公共设施和公共工程由于其类型不同和特点差异，它们所提供的方式也会有一定的差异。比如，国家安全、司法以及其他公共设施等虽然都是公共产品，但由于产品特点和类型不同，导致它们各自的提供方式均不相同。比如安全与司法，亚当·斯密认为有必要由政府来提供，但安全与司法的类型和特点不同，在不同的国家、不同的发展阶段，可以产生很多种不同类型的提供方式。一个国家发达和强大，依赖于良好的道路设施、港口、桥梁隧道以及海上交通设施等公共工程，这些工程的建造、维护及保养费用，在社会发展的各个时期表现形式差异非常之大。大多数学者认为，部分公共设施可以由地方政府通过征税募集资金，并免费供给消费者，也可以通过其他的方式来间接提供。而就一般商业的公共工程而言，就没有必要列在政府预算开支之下。因为像道路设施、桥梁和海上设施的建造费与维护费都可以通过征收过路费或道路通行费来解决。[2] 亚当·斯密的观点在于如果完全没有政府这个机构，这些公共设施可能较难很好地提供，但是政府的权力和活动范围必须要受到一定的限制，在可以外包给私人提供的场合或地方，应该交由私人去供给或提供，这样做往往

---

〔1〕 亚当·斯密．国民财富的性质和原因的研究：下卷［M］．郭大力，王亚南，译．北京：商务印书馆，1996：285.

〔2〕 亚当·斯密．国民财富的性质和原因的研究：下卷［M］．郭大力，王亚南，译．北京：商务印书馆，1996：285.

会提高政府直接供给的供给效率。

英国古典经济学家约翰·穆勒认为,“扩张政府范围”和“把政府活动限制在极狭小的范围内”都是不明智的选择,并在被西方经济学界奉为经济学“圣经”——他的代表作《政治经济学原理》里系统详细地阐述了自己所倡导的政府适度干预思想,许多具有独创性的观点至今仍具有重要的理论启示意义。约翰·穆勒首先继承古典自由主义理论关于自由放任的基本观点,极力维护经济自由主义的一般规则和法则,认为“社会事务最好是由私人自愿地去做”。他说:“一般说来,生活中的事务最好是由那些具有最直接相关利害关系的人自由地去做,无论是法令还是政府官员都不应该对其加以限制和干预。因为那些这样做的人或其中的某些人,很可能要比政府更清楚采用什么手段实现达到他们的目标。即便政府能够最全面地掌握全面信息,即清楚了解个人在某一社会时期内积累的有关某一职业的全部信息(这实际上是不可能的),个人也要比政府对事实或结果具有强烈得多、直接得多的利害关系,因而如果听凭他们选择,而不加以控制的话,则手段会更有可能得到改进和完善。”[1] 约翰·穆勒认为,在公共设施的建设过程中,只有在时机成熟的时候政府才能介入干预,除非政府干预能带来很大的收益,否则绝对不允许政府进行干预和控制。公共设施的提供是非常重要的,但是由于社会上的个人对于这些公共设施的提供没有太大的兴趣和动机,因为他们并不能从中自然地获得它的外在利益。所以,这些服务或公共设施必须由政府来提供,也可以由政府出资将该项建设工作交由最适合担当此项工作的人去完成。[2] 可见,约翰·穆勒在早期的思想中已经涉及公共产品由市场来供给的思路。

约翰·利奇在分析了萨缪尔森给出的公共产品概念属性之后,认为私人部门不能为社会大众提供有效数量的公共产品。他的分析依据

---

〔1〕 约翰·穆勒. 政治经济学原理及其在社会哲学上的若干应用[M]. 赵荣潜,等,译. 北京:商务印书馆,1991:361-362.

〔2〕 MILL J S. Principles of Political Economy [M]. London: Longman's Green & Co., 1921: 970.

是公共产品在融资方面比较困难，任何一个个体都有享受他人提供的利益的动机和目的，同时个人又不愿意自己出资或承担一定成本，导致“搭便车”现象的发生，因此，他认为萨缪尔森将纯公共产品同时界定为两大类型——具有非竞争性和非排他性，私人部门提供纯公共产品将无法实现帕累托效率的改善，因为人们都具有“搭便车”的行为动机，也就是说，人们都可以免费使用该物品而不必为其支付任何费用，因此，政府必须对这类公共产品提供必要的费用支持。[1] 从某种意义上来说，政府在公共产品的供给中已经投入了大量的人力、物力和资金，而且还提供了相当多数量的具有拥挤型的公共产品，比如公路、桥梁、娱乐场所、消防安全以及治安警察等。然而，约翰·利奇认为政府并不是扮演了唯一提供者的角色，公路和桥梁这些具有可排斥性和非竞争性的物品在某种程度上，在一定的条件下也可以由私人通过收费的形式来提供。

陈东琪深入探讨了经济活动中的“公”“私”选择以及它们两者之间的分担比例问题，并通过论证分析了政府应当在社会活动中扮演怎样的角色，如何干预和控制社会经济活动，在哪些方面干涉这些活动以及干涉程度如何控制，等等。他通过系统分析，并充分借鉴了西方国家在“公”“私”二者之间的选择范围，以及在生产性和人本性等公共设施建设等方面的实际做法，最终提出我国政府应当借鉴国外有益的经验，增加在这些公共设施领域方面的开支，提高这两部分公共产品中国家干涉范围的部分。[2]

袁义才在《公共产品的产权经济学分析》中指出，市场的另一种替代物就是社会化组织，任何组织在交易的过程中都会产生组织成本，也就是交易成本。企业作为市场的另外一种替代物，那么企业就可以通过市场来提供公共产品，这种制度设计就可以保证市场代替政府来

---

〔1〕 约翰·利奇. 公共经济学教程［M］. 孔晏，朱萍，译. 上海：上海财经大学出版社，2005：143－152.

〔2〕 陈东琪. “公”“私”配置与公共物品生产［J］. 东北财经大学学报，1999（1）：16－26.

提供公共产品，并且政府公共部门和企业之间都有组织成本上的区分和不同，这两种不同的成本都可以看作是交易成本，并且是可能引起总的交易成本发生变化的那部分。[1]

通过上述的文献回顾，笔者发现，从亚当·斯密到约翰·穆勒，所有公共产品的供给问题都是和政府密切联系的，他们都从政府的职能的角度提出了关于公共产品的供给范围和供给类型，并且他们一致都认为国防、安全、公路、桥梁、制度和法律法规等都可以作为公共产品来进行分析。虽然约翰·穆勒对某些公共产品的理论解释超越了亚当·斯密的推论，但是这些古典经济学家还没有人从根本上界定出公共产品的概念属性，甚至没有提出公共产品界定的标准和区分程度。

公共产品的判断依据主要是根据其使用的特征类型和供给的主体范围。一般情况下，公共产品是指那些不是由单个社会个体单独消费或享受，而是由许多社会大众参与消费的公共设施或服务，或者虽然只供一部分人或少数人享有或消费，但是由私人单独供给会出现供给不足或者供给效率无法实现最优的问题，难以做到公平公正，如司法和基础教育。对公共产品应该由谁来提供的问题，他们都意识到这些产品可能部分需要公共部门来供给，因为单纯地依靠市场的供给可能也会出现供给不足，或者不能完全实现公平公正，这从侧面也反映出政府在供给中发挥的重要作用。但这些古典经济学家同时也表示，关于许多人消费的产品究竟以什么方式在多大程度上来供给，是否存在一个标准化的效率模型还持否定的态度，而是应该根据国家的发展阶段和社会的实际情况来综合分析。亚当·斯密同时也强调，公共设施和一些工程即使不是由当地政府来提供，但并不意味着政府就可以坐视不管，不去承担这方面的责任，而是说政府具体应当如何承担这方面的职责需要根据社会发展的实际情况加以分析，不存在一个完全统一的模式。如果发现市场在提供公共产品失灵时，政府应当发挥一定的作用，应当考察政府是否会在这方面弥补市场失灵造成的损失，当

---

〔1〕 袁义才．公共产品的产权经济学分析［J］．江汉论坛，2003（6）：25－28.

然如果发现政府供给有缺陷时，则要比较市场供给与政府供给哪一种供给更加有效，哪一种供给更加能够满足社会大众的需求。

(3) 公共产品政府—市场—自愿供给主体。

安东尼·B. 阿特金森与约瑟夫·E. 斯蒂格利茨都认为许多物品的提供者可以来源于多个方面，既可以由公共配置，也可以由私人来供给。也就是说，既可以免费供应，也可以在市场上通过货币买卖交易。而且，在有些情况下，私人产品还可以替代公共产品发挥独特的作用，比如保安机构就可以代替政府警察行使一定的权力。因此，公共产品或者服务既可以由公共部门来供应，也可以由私人来供应，但是必须考虑各自供应的范围和程度，并且考虑哪些物品是由公共部门来供应，哪些是由私人来供应。

他们在论述时深刻认识到即使没有政府，个人或第三部门也会对公共产品进行捐助，在具有大量公共产品供应不足的现实社会中，确实是存在着大量的医疗、体育、教育和研究等的私人捐助，这种捐助的动机是多种多样的，我们在大多数分析中使用的个人效用函数也许无法恰当地概括这些动机。[1]

美国经济学家伯顿·韦斯布罗德在政府失灵理论中指出，政府、市场和非营利部门在满足个人对于公共物品需求时可以相互替代，也可能相互替补。也正因为如此，当国家面临危机的时候，非政府组织应充分发挥其在社会民众与政府部门之间的缓冲协调作用，协助危机的解决及避免再次发生。伯顿·韦斯布罗德认为，当代经济学较好地论证了私人市场的存在合理性及其均衡模式特点，后来又发展了公共部门理论，对政府行为进行了系统的考证，可是却无法解释为什么要由非营利部门来提供公共的、集体消费的物品。他试图发展一个理论模型来解释：为什么会在政府和市场之间存在非营利部门这个中间状态？哪些因素决定了物品由政府、市场还是非营利部门来提供？供给

---

〔1〕 安东尼·B. 阿特金森，约瑟夫·E. 斯蒂格利茨. 公共经济学［M］. 蔡江南，许斌，邹华明，译. 上海：上海三联书店出版，1992：643－648.

的依据是什么？政府、市场和非营利部门之间的关系是怎样界定的？伯顿·韦斯布罗德仍然采用了需求—供给这个传统经济学的分析范式来解释非营利部门存在的合理性。在他看来，任何投票者都有对于物品的需求的动机（包括公共物品和私人物品），政府、市场和非营利部门都是满足个人需求的不同手段或方式，这三者在满足个人的需求方面也存在相互替代的可能性。正是由于政府和市场在提供公共物品方面的局限性和不足性，导致了对于非营利部门的功能需求，这正是非营利部门存在的最主要原因。在他的分析解释中，政府、市场和非营利部门都是满足个人对于公共物品需求的相互替代性的工具或一种手段而已，在提供公共物品上是互补的关系。伯顿·韦斯布罗德的理论开创了经济学解释非营利部门存在问题的先河，但由于他的理论采用的是剩余分析的策略思想，目前还存在诸多值得商榷的问题，包括：在满足个人的公共物品需求方面，政府和非营利部门到底谁是最初的提供者，最后的主体变迁是如何发生的？非营利部门提供的都是公共物品吗？政府和市场在提供公共物品时有着那么多的缺陷，非营利部门真的就那么完美吗？非营利部门的特性是怎样的？这当中最为重要的问题是，伯顿·韦斯布罗德通过论证政府和市场在提供公共物品方面的局限性，从功能上证明非营利部门存在的必要性与合理性，而没有对非营利部门为什么能够提供公共物品、它的组织特性是什么等重要问题做出分析。非营利部门自身的组织特点和动作方式在伯顿·韦斯布罗德的理论中仍然是一个不解之谜。[1]

契约失灵理论是由美国学者亨利·汉斯曼提出的，他也是从经济学的角度研究非政府组织与供给问题，但契约失灵理论与市场失灵、政府失灵理论不同之处在于研究侧重点各不相同，政府失灵、市场失灵理论主要研究的是为什么有些公共产品要由非政府组织或机构来提供，而契约失灵理论研究为什么有的私人产品也要由非政府组织或机

〔1〕 WEISBROD B. Toward Theory of the voluntary Nonprofit Sectou in a Three – sector Economy，in E – phelpse，ed. Altruism Morality and Economic Theory ［M］. New York：Russel Sage，1974.

构提供。契约失灵无法靠市场自行解决，消费者在选择产品时往往会选择依靠市场之外的一些组织来保护自己的利益或权益。政府和非政府组织都是市场之外的组织机构，它们都不以营利为最终目的，它们在提供产品和服务时不会利用信息不对称的优势获取利润。政府和非政府组织受非分配性原则约束，它不能将所得利益按一定比例分配给组织进行控制和管理。非分配性约束原则使得政府和非政府组织在提供存在信息不对称的商品和服务时，故意提高价格或降低质量的可能性不大，因此，政府和非政府组织能抑制一些市场主体的机会主义行为，维护消费者的利益。[1]

委托代理最早是由罗斯（Rose，1973）提出来的。米尔利斯（Mirrlees，1974，1976）和斯蒂格利茨（Stiglitz，1974，1975）随后对委托代理进行了广泛的研究和推导论证，并将其定量模型化，逐步使委托代理理论成为经济学研究的一个重要分支，其实质是对现代企业契约理论的发展和继承。委托人和代理人之间的关系模式以及行为动机与规则问题，它是指一个代理人如何按照契约的规定、约束条件和委托人的意愿来代替委托人采取行动。根据这一理论，政府与第三部门应该建立一种委托代理关系，即政府为了实现公众的目标而将提供公共产品的权力和责任委托或下放给非政府部门来承担，二者之间通过契约的形式各自约定分工与责任，政府负责资金募集与社会动员，第三部门则负责提供公共产品和服务等实质性内容，双方的合作可以使各自的比较优势都得以充分地发挥，并充分体现各自的比较分工优势。通过这一做法，可以极大地提高交易效率，节约交易成本，政府也可以利用自己已有的部门机构，节约建立新的组织架构，减少雇佣的成本。同时，这种合作模式可以较快地适应市场大众的服务目标和需求，并最大限度地避免官僚系统的种种弊病。

李军鹏认为，公共管理体制改革要见成效，必须实施公共服务多元化战略。全面建设小康社会，中国政府要对全社会实施公共管理机

---

〔1〕 HANSMANN H. The Role of Nonprofit Enterprise [J]. Yale Law Journal, 1980 (89): 835-901.

制，建立非歧视性的政府公共政策系统，对各种类型所有制企业和各类社会团体实行无差别的市场准入机制。要打破国有资本垄断经营或取消对其他非国有资本的进入设置的壁垒，包括公共事业领域、公共服务领域、电信领域、基础设施领域、文化传播领域等都要尽可能向民营资本在内的其他各种所有制资本开放，并享受同等的政策待遇与法律约束。为此，需要打破行政垄断，实行公共服务市场化与社会化机制，要建立政府与社会合作的多中心治理结构，发挥非政府组织的积极作用，形成政府与非政府组织的合作伙伴关系。他认为，为了弥补政府公共服务提供数量的不足，还要广泛调动社会各界人士和各方面力量参与提供的积极性，形成公共服务的多元化与社会化格局，从而在整个社会形成一种“多中心治理”的公共服务提供模式。〔1〕

樊丽明剖析了中国在体制转轨时期教育、基础设施、体育与社会救助等准公共产品提供机制的多元化及其发展的社会条件，分析中国公共产品提供机制的概况，探讨中国公共产品有效提供之道，并进行理论总结。樊丽明归纳了公共产品的 3 种提供机制：政府供给机制、市场供给机制、自愿供给机制，并对 3 种机制的不同特性、特点进行了比较，分析了各种机制中的决策机制、使用机制、筹资（费用补偿）机制、激励约束机制的不同和作用。她还探讨了公共产品供给机制的结合和转化问题，指出 3 种机制是空间上并存、相互结合发生作用的，作用的具体模式是多样化的；3 种机制作用的领域（边界）在时间上因条件的变化而变动。她从公共产品的视角，结合具体公共服务，探讨了公共服务的市场自愿提供问题。〔2〕

张昕则系统考察了国际范围内的政府官僚体制改革运动，他认为在 20 世纪 90 年代，政府在体制改革方面过于强势和垄断，导致在一定程度上完全主导了公共产品和公共服务的供给。为了解决一直以来政府过高的财政赤字，满足公众日益增长的公共产品物质需要，政府

---

〔1〕 李军鹏．公共行政学［M］．北京：首都经济贸易大学出版社，2004.

〔2〕 樊丽明．中国公共产品市场与自愿供给分析［M］．上海：上海人民出版社，2005.

需要采取一系列措施加以规避。另外，他指出在新型混合型经济的制度框架内，市民社会、市场经济和国家政府之间存在着相互分工与合作的边界与可能性。该制度框架不仅有助于澄清政府在适当时候干预的规模和涉及的范围，而且也有助于塑造政府未来的发展走向，即政府提供公共产品和服务的可抉择供给体制。[1]

通过上述文献的梳理，本研究认为，在三主体供给并存的发展时期，理论界对于公共产品供给主体的认识是不断加深的，各种关于公共产品政府供给和市场供给的理论也逐渐丰富和完善，并且理论学界也意识到对公共产品自愿供给进行阐述和分析，并且对公共产品自愿供给的认识也经历了两个不同的发展时期。第一阶段是对公共产品自愿供给现象的认识，如安东尼・B. 阿特金森与约瑟夫・E. 斯蒂格利茨都认识到社会个体对于医疗、教育和基础研究的赞助和捐赠，在这一阶段，这些经济学家都认识到公共产品自愿供给的特征和表象，但并没有对为什么会出现公共产品的自愿供给、在多大范围和程度上供给、自愿供给的社会效果如何评估等进一步进行理论分析和阐述。第二阶段是从公共产品自愿供给的现象和社会特征入手，对其做进一步的理论探寻，比如阐述或论证自愿供给产生的原因、本质和社会条件等，亨利・汉斯曼提出的契约失灵理论，都从自己的理论模型出发对公共产品自愿供给进行了深入的理论解析。

1.3.1.3 影响公共产品供给的因素

(1) 公共产品政府供给的影响因素。

约翰・穆勒曾就政府如何干预市场，在多大程度上进行干预提出了一些参照标准，他认为可以从以下 3 个方面来进行判断。

①个人信息不对称或者不充分，不具备独立评价事物的利益和情况，此种情况需要政府进行干预。比如，儿童接受适龄教育的情况。

---

〔1〕 张昕．走向公共物品和服务的可抉择供给体制——当代政府再造运动述评［J］．中国人民大学学报，2005（5）：111－117.

②个人缺乏一定的远见，可能签署无法给予合理诠释的契约或者在废除契约的情况下，政府应当加以明确限制。

③劳资双方在进行业务谈判的时候，政府可以对一些公司如股份公司，尤其是行业垄断性的公司的经济和社会活动加以限制和控制。因此，约翰·穆勒以社会个人自由为出发点和考虑点，就政府如何干预的标准以及干预条件进行了较为详细的论述。

庇古在对税制规范性的论证分析中，阐述了公共产品和私人产品所消耗的社会资源的比例分配问题，并且论证了这一比例的最优化问题，他认为当政府供给公共工程遵循“最后一笔收入所得到的边际社会正效用恰好等于为其支付的这笔工程款的造价所必需上缴的赋税的社会边际负效用”这一原则。[1]

安东尼·B. 阿特金森与约瑟夫·E. 斯蒂格利茨则在阐述公共供应的物品特征的时候认为，如果这些公共产品由公共机构来进行供给，那么会有许多不同的因素，并且这些不同的因素所占的权重各不相同。

(2) 公共产品市场供给的影响因素。

萨缪尔森模型的扩展采用了多种数学工具，使用了既包括静态均衡分析，也包括动态过程分析的方法，并着重探讨了几种非极端情形，比如利益溢出和社会拥挤问题，以及私人部门提供公共产品的合理条件。[2]

樊丽明则以规范分析和实证分析方法，创新性地系统分析了中国基础设施市场供给的影响变量。中国市场供给基础设施取决于基础设施特性、供求状况、私人资本规模和融资制度创新、政府管制与激励政策等多种变量。回归分析结论表明，不同省份非国有经济投资于基础设施的规模大小与该省份非国有经济的总量和市场分配资源的实际状况密切相关，弹性分别为0.568和4.747。该观点引起同行学者的高

---

〔1〕 庇古．福利经济学：上册［M］．朱泱，张胜纪，吴良健，译．北京：商务印书馆，2006.

〔2〕 安东尼·B. 阿特金森，约瑟夫·E. 斯蒂格利茨．公共经济学［M］．蔡江南，许斌，邹华明，译．上海：上海三联书店，1992：624.

度认可和强烈共鸣，并多次在其他场合引用。他率先对中国公共产品自愿供给情况做出了经济学解释与探讨。理性选择分析只能说明公益彩票有部分激励的捐赠存在，部分利他主义和混合利他主义则可以更好地做出诠释。收入水平普遍提高以及恩格尔系数降低为居民捐赠和购买公益彩票创造了大量的可能条件。中国 NGO（非政府组织）的初步发展和成功运作，税收优惠政策的激励，特殊时期的需求拉动，都为中国自愿供给公共产品提供了条件。[1]

曹休宁、廖湘岳也论述了市场可以提供公用事业产品的原因，主要包括以下几点。①技术与管理的不断创新。技术的不断创新，一方面使得某些公用事业产品可以实现排他性消费，另一方面也降低了自然垄断的概率，使得有实力的私人企业进入原来只有地方政府才能进去的公共产品领域。②政府放宽了准入条件。这使得市场成为潜在的公用事业产品的供给者。③产品质量的可观测性。由于政府较倾向于直接生产那些质量不易观测的公用事业产品，私人部门则不断提高其自身的观测技术，使公用事业产品可以直接观测。④对管网类公用事业产品进行有效地分割。对于像邮电、电力、铁路、煤气、天然气等管网类公用事业产品，可分为接入点市场与网络通道市场，而在接入点，不同的企业可以展开竞争。[2]

（3）公共产品自愿供给的影响因素。

约翰·利奇（John Leach）认为，一个厂商只有在其所期望的收益高到足以弥补其生产的变动成本和当初其投入的资本金时才会有动力去扮演一个产品供给者的角色。在这一原则之下，私人厂商提供纯公共产品的动力和条件不足，而且人们在使用公共产品时是不会被收费的，也没有事物会阻止人们使用这些公共产品来娱乐或消费。因此，当公共产品提供的渠道不能够为厂商获得足够的收益时，该厂商由于

---

〔1〕 樊丽明．中国公共产品市场与自愿供给分析［M］．上海：上海人民出版社，2005（5）：97－113.

〔2〕 曹休宁，廖湘岳．论公用事业产品的市场供给［J］．商业经济，2006（4）：105－106.

不能弥补其当初的资本投入和沉没成本，因而没有足够的动机进行提供。当然，某些情况可以使得厂商愿意提供社会公共产品。比如，假设厂商为某种公共产品恳求社会大众为之捐款，并用筹集到的资金来筹建或提供公共产品，公共产品能建造多大的规模完全取决于社会募集得来的资金的数量的多少。这些措施就构成了公共产品提供的自愿捐助的数学模型。但是有一个问题，那就是这个自愿捐赠的数量不能从根本上满足社会大众的需求，其供给无法满足萨缪尔森的模型条件。[1]

韦斯布罗德（Weisbrod）等认为，非营利性组织可以通过自身所提供的公共产品的价格来作为捐赠规模的影响变量。他们在模型中将公共产品进行定价，并通过数学表达式 $P=(1-T)/[1-(A+F)]$ 进行定义，其中 T 表示捐款人的边际所得税率，A 表示在管理上投资的百分比，F 表示在资金筹集方面所投入的百分比。从上式中可以看出，如果 A 和 F 都是固定不变的，那么 T 取值越大，公共产品的价格就会越低，社会捐赠就会越多；反之，T 取值越小，公共产品的价格就会越高，社会捐赠就会越少。如果 T 是恒定的常量，则当 $(A+F)$ 的取值越小时，公共产品的价格就会越低，社会捐赠就会越多；反之亦然。可见，税收税率、捐赠的筹集和管理费用水平等都是影响社会捐赠的一些因素，从而最终影响公共产品的自愿供给的规模和力度。[2]

樊丽明则认为公共产品自愿供给现象的发生最根本的动因在于超越了个体自利因素的自然选择，人们的收入水平和社会总体的恩格尔系数都会影响居民捐赠和购买公益彩票的可能性，社会收入差距的加大一方面会导致社会救助的增加，另一方面也为收入转移至自愿供给

---

〔1〕 约翰·利奇．公共经济学教程［M］．孔晏，朱萍，译．上海：上海财经大学出版社，2005：374.

〔2〕 WEISBROD B A，DOMINGUEZ N D. Demand for Collective Goods in Private Nonprofit Market：Can Fundraising Expenditures Help Ouercome Free－Rider Behavior？［J］．Journal of Public Economics，1986，30（1）：83－95.

公共产品提供了可能。[1]

1.3.1.4 公共产品供给主体选择标准

(1) 效率标准。

亚当·斯密在分析论证时主张将效率作为衡量标准，在确定该由谁来承担公共产品供给的主体角色时，他认为只要看交给谁来供给效率更高就可以了，比如公共设施、道路、桥梁等，都可以交由市场来进行供给。在亚当·斯密看来，社会上很多公共设施，其本身也是为国家的商业经济和社会发展而服务的，因此也应该根据商业利益的高低配套来提供。这些公共设施的供给规模最终也是由它们的可利用效率所决定的，换句话说，如果某个区域的需求人数规模较大，那么当在这一区域提供公共产品时将会产生较高的社会利用效率。因此，效率的高低完全可以通过对其使用的情况来进行测算。在这些方面，私人往往比政府有更好的逻辑判断和市场敏感度，而且可以更高效地保证这些公共设施建设和使用的效率。反之，如果这些公共设施由政府来供给，就可能与当地实际需求不相符合，或者无法满足当地的大众实际需求，或者发生严重的浪费，甚至会产生某些官员因为自己的私利而违规建造的行为，滋生社会腐败。“公路、桥梁、海上交通灯等，如果由需要它维持的商业机构来建造和运作的话，那么，这种工程最好在商业最需要它们的地方进行建造。”亚当·斯密在进行分析时列举了欧洲国家的一些实例，“欧洲许多地方的运河通行税或水闸税，是个人的私有财产，这些人为保持这些利益，自竭力维护这条运河……如果运河的通行税，交给那些关系不大的委员们征收，他们对于这些公共工程设施的维护一定不会像个人那样在意”。[2]

潘塔莱奥尼于1883年运用杰文斯的推导分析方法，论证了政府投

---

〔1〕 樊丽明. 中国公共产品市场与自愿供给分析 [M]. 上海：上海人民出版社，2005 (5)：164－183.

〔2〕 亚当·斯密. 国民财富的性质和原因的研究：下卷 [M]. 郭大力，王亚南，译. 北京：商务印书馆，1996：286－287.

资费用在各种可能的用途方面所应遵守的一定规则和遵循标准问题，他认为符合社会伦理的标准应该是“公共支出中各部不同项目的边际效用的比较程度”，即政府在预算安排时应该遵循每项支出的边际效用都相等这样一个数学规则。“支出无论最后是怎样分配的……它最后永远都必须遵守这个逻辑规则，即政府的预算安排应按照每项项目的支出的边际效用都相等的准则。在既定的同一总量下，每一个单项支出的边际效用恰好等于其他任何一项支出的边际效用。”[1]

凯夫斯（Caves）和克里斯坦森（Christensen）基于对加拿大的公有和私人铁路经营成本为案例进行计量模型分析，得出这样一个结论：“人们常常提起的政府企业的低效率主要源于缺乏市场竞争，而并非公有本身。”[2] 因此，当政府需要决定某些公共产品的私有化问题的时候，可以适当考虑引入私人企业加入行业竞争，并且提供这些服务或产品会对目前市场的格局产生什么样的变化或影响。

（2）帕累托效率标准。

鲍德威与威迪逊认为，为避免进行社会个体福利之间的比较，很多经济学家都试图通过各种方法使得帕累托原则的应用能够扩展到公共产品的供给领域，并以此作为公共产品供给效率的判断准则之一。

判断一种经济的变动并不是根据它是否达到了一个时期的帕累托改进，而是主要看其是否出现了一个潜在的帕累托改进。如何判断是否是潜在的帕累托改进则主要看经济的变动中的获益者是否对受损者提供了补偿，且同时仍然可以让自己的境况变得更好，或者至少没有变得更糟。假设实际的获益者对受损者进行了一定的补偿，同时他们每个人的境况都比以前变得更好或者并没有变得更糟，那么可以判断此时的经济变动就是一种潜在的改进，这种改进就是有效率的帕累托

---

〔1〕 MUSGRAVE R A，PEACOCK A T. Classics in the Theory of Public Finance［M］. London：Macmillan&Co. ltd.，1962：18.

〔2〕 CAVES D W，CHRISTENSEN L R. The relative Efficiency of Public and Private Firms in a Competitive Environment：The case of Canadian Railroads［J］. Journal of Political Economy，1980（88）：976.

改进。有效率的资源配置往往被定义为帕累托最优：即使自己的处境改善而同时不使其他人的处境变得更糟是不可能出现的。

（3）萨缪尔森条件。

萨缪尔森的假设条件是：最终消费品只有一个纯私人产品和一个纯公共产品，并且生产可能性曲线是已知的，那么在存在两个消费者的条件下，当收入水平已定时，即 $MRT = MRS_A + MRS_B$，即公共产品和私人产品的生产转化率恰好等于消费者 A 对于这两种商品的边际替代率与消费者 B 对于这两种商品的边际替代率之和时，此时的市场配置是最优的。此模型也可以进一步扩展为，当 $MRT = MRS_A + MRS_B + \cdots\cdots MRS_k$，其中，K 表示现实中消费商品的数量，所有消费边际替代率的总和等于生产的边际转化率时，将实现商品供应的最优可能条件。

（4）其他理论标准。

萨瓦斯认为，根据新制度经济学的解释与判断，公共产品的最优规模并不存在一成不变的范式，最优供给模式的确定应当依据该产品的特性、市场创新及其他约束条件的选择综合考虑。萨瓦斯提出了评价某种具体模式选择的判断标准和主要依据，包括服务的具体性、生产者的可得性、效益和效率、服务规模、成本收益的关联度、对消费者的回应性、经济公平、种族公平、政府规模、对政府指导的回应性等。[1]

黄恒学通过对理论分析的归纳，认为选择何种主体对公共产品进行供给主要基于以下几个判断标准：技术标准、需求标准、伦理标准和交易费用的理性判断标准。这些标准都成为衡量公共产品由谁生产、怎么生产的重要依据。[2]

---

〔1〕 E. S. 萨瓦斯．民营化与公私部门的伙伴关系［M］．周志忍，译．北京：中国人民大学出版社，2002：106.

〔2〕 黄恒学．公共经济学［M］．北京：北京大学出版社，2002：30－32.

1.3.2 公共产品供给主体变迁理论

1.3.2.1 政府供给与市场供给的相互转化

(1) 市场供给转化为政府供给。

当市场或私人部门在公共领域活动受到一定限制时，政府的职能将逐渐扩大到私人部门的供给领域。比如，经济学中非常有名的灯塔案例，约翰·穆勒在《政治经济学原理》、西克威克在《政治经济学原理》以及萨缪尔森在《经济学》丛书中都指出灯塔是必须由政府来进行供给的社会化大众产品。但是，本研究在梳理文献时发现，英国的灯塔供给其实不然，那时候灯塔的供给最早是由私人部门出于营利的目的而自行建设与管理的，随后慢慢地才转给政府部门去支配和管理。"1610—1675 年，领港公会没有建造一座灯塔，而私人部门出资修建的灯塔至少有 10 座。"[1]

截至目前，英国的灯塔基本由政府单独供给，英国建造和维修灯塔的机构是领港公会、北方灯塔委员会以及爱尔兰灯塔委员会。这些机构的开支基本由通用灯塔基金出资，而这些资金的主要来源在于船主缴纳的灯塔税。从灯塔征税得到的资金都属于通用灯塔基金，并由英国商业部控制。[2]

(2) 政府供给转化为市场供给。

当政府减少在公共产品供给中承担的职能或作用时，政府供给就会逐渐向市场供给方向发展，这种方式的变迁主要通过以下 4 种模式来完成。

第一种模式为建造—运营—移交（build - operate - transfer，简称 BOT）。BOT 模式实际上是以政府和私人机构之间首先达成默契和协议

---

〔1〕 科斯. 经济学中的灯塔［M］//丹尼尔·史普博. 经济学的著名寓言. 余晖，译. 上海：上海人民出版社，2004：1-28.

〔2〕 科斯. 经济学中的灯塔［M］//丹尼尔·史普博. 经济学的著名寓言. 余晖，译. 上海：上海人民出版社，2004：1-28.

条款，由政府向私人机构颁布特许权力，然后私人机构通过自身的力量来筹集资金、自己设计并建设基础设施项目。当经营一段时间，私人机构收回资金投资及所有成本以后，该项目的经营权和所有权将被重新转移给当地政府。

第二种模式是直接并购。这种模式在现实中也是较为普遍采用的一种模式。

第三种模式是纯民营模式，即直接由民营企业投资进行建设与管理的公共项目。

第四种模式是转让—经营—转让（transfer - operate - transfer，简称TOT），即政府机关将建设好的公共项目通过与私人机构签订协议条款，约定双方的权限和义务，将一定期限的产权和经营权下放给私人机构的合作模式。

1.3.2.2 自愿供给与政府、市场供给的相互转化

（1）自愿供给转化为政府、市场供给。

此种供给是指自愿供给主体在某些情况下自动减少，甚至退出在某些公共产品供给中的比例和规模，从而增加政府与市场在供给过程中的作用的过程，即自愿供给变迁为政府和市场供给。

（2）政府、市场供给转化为自愿供给。

与上述情况完全相反，此种供给是指政府与市场在某些情况下自动减少，甚至退出在某些公共产品供给中的比例和规模，从而增加自愿供给主体在供给过程中的作用的过程。

1.3.3 理论共识

1.3.3.1 公共产品供给主体的认识

公共产品理论的发展主要从教育、司法、国防、基础设施等公共产品研究开始，经历了公共产品供给的“市场失灵”“政府失灵”以及“自愿供给失灵”等社会问题，即单独由政府提供公共产品，政府

和市场共同提供公共产品，政府、市场以及自愿供给主体三者共同供给的不同时期。目前，可以看出在理论界已经充分认识到公共产品供给主体可以是国家政府、市场或者自愿组织三者或者是它们的组合形式。

1.3.3.2 公共产品供给均衡理论

庇古在对税制规范性原则话题讨论时就提到公共产品供给均衡问题，他认为，社会资源在公共产品与私人产品之间可以实现最优配置，即由各自承担一定的比例可以实现帕累托最优，由当地政府供给公共工程，则最终可以实现供给均衡。威克赛尔（Wicksell）和林达尔（Lindahl）各自提出了公共产品的均衡模型，理论学界称为“W－L模型”，其核心观点是公共产品在供应过程中是经过社会中的每个个体进行讨价还价的，他们之间进行磋商讨论后最终导致每个人所愿意承担的成本份额之和等于1。萨缪尔森在其后续的理论研究中通过数学推导论证得出公共产品局部均衡模型和一般均衡模型，并分析出公共产品从理论上来讲供求均衡的实现是完全存在的。虽然庇古模型、W－L模型以及萨缪尔森均衡模型的形式各不相同，但后来的经济学家都普遍认可他们的观点，在某一条件下，公共产品的供给会达到一个均衡点。

1.3.3.3 公共产品供给“失灵”

政府失灵理论认为，政府内部性交易成本的存在导致公共产品单位成本的增加，主要是由于社会公众对公共产品的需求存在很大的差异性和特殊性，由于社会信息不对称，政府在提供公共产品时往往仅考虑了社会绝大多数人的选择偏好，这必然会导致一部分人对公共产品的额外需求或者需求得不到有效的供给。因此，政府提供公共产品会导致供给量不足，即不能完全按照社会大众的需求来满足，于是出现政府失灵现象。

市场失灵理论认为，由于公共产品具有不可分割性和非排他性这两个特性，使得购买公共产品的人无法阻止别人也享受或购买这种公共产品，于是会出现“搭便车”的情况。如果社会个体都不愿意花钱购买这种公共产品，那么势必会造成公共产品供给的困难。

自愿供给失灵理论的观点主要表现在：一是社会募捐款不足，通过公益慈善所能募捐来的有效资源还不能完全满足社会总体福利的需要，即与社会福利活动所需要的开支之间存在着比较大的差距；二是社会福利活动往往比较狭隘，公益涉及面比较狭窄，它们所服务的群体一般仅限于社会中的某一类细分社会群体或特殊群体，而另一些往往最需要社会救助的群体的需求反而不能被及时满足，导致社会资源的被占用和浪费；三是慈善机构大多具有家长式作风，最高领导往往会形成“一言堂”作风，他们具有很大的发言权和处置权，并且对慈善募捐而来的资源有很大的支配利用权，造成慈善机构内部没有实行完全公开的决策和发言，导致某些问题的不公开和不透明；四是慈善机构往往都具有一定的业余性，即往往是那些比较有爱心的业余人员倾向于从事这些慈善社会活动，这当然不可避免地会产生服务品质低下和部分社会福利活动的非正规举办问题。

1.3.4 不足和有待完善之处

1.3.4.1 选择公共产品供给主体的影响因素

虽然文献综述部分论述了部分经济学家关于公共产品供给主体影响因素的分析，但对于主体选择的变量研究文献毕竟较少，到目前为止，理论界还没有系统地梳理对公共产品主体选择的影响变量或因素。笔者认为这是后续进行公共产品主体选择研究的一个大的方向。

1.3.4.2 公共产品供给主体选择标准

关于公共产品供给主体如何选择，选择的标准取决于哪些变量，各变量之间的相互关系是怎样的，理论学界到目前为止还没有统一的标准和界定。不过从公共产品供给的理论和大多数经济学家的做法来看，对于公共产品的认识从肤浅到深入，他们都倾向认为供给主体的选择往往是一系列较为被动的过程。比如，古典经济学家都认识到有些公共产品由市场来进行供给可能无法满足社会大众的集体需求，此种情况下往往需要政府的介入和干涉，由政府来进行公共产品的供给可能会更加有效率。但是政府在供给过程中往往由于信息的不对称，内部决策的不一致，或者寻求个人利益的最大化，或者个人寻租等原因存在，经济学家也觉得市场此时也可以供给公共产品，从而以此来弥补政府供给的失灵。当然，当这两种供给主体都无法实现帕累托改进的时候，第三部门就应运而生了，即由第三部门或自愿组织来供给公共产品。无论是政府供给、市场供给，还是第三部门供给，都存在着供给主体被动选择与主动替代的过程，或者是当一个供给主体产生失灵问题之后被另外一个供给主体代替的过程。为了避免这种周而复始的被动选择所带来的效率损失，本研究认为有必要主动选择公共产品的供给主体，但是在此之前必须要重新审视公共产品供给主体的选择标准问题，而这方面尚有待理论学界进行科学的分析和论证。

1.3.4.3 各公共产品供给主体的边界

目前，理论学界对政府供给、市场供给以及第三部门供给这 3 种供给方式已基本达成共识，但是对于哪些公共产品由哪类供给主体来提供，在多大程度上进行供给，以及各供给主体各自供给的比例或规模还没有明确的分析和说明。比如，社会现实中往往就会出现不同主体供给的公共产品，这些供给是否合理，究竟选择哪一个供给主体会增进社会的整体福利，选择哪一个主体会更加有利，供给主体之间的界限或者合理边界如何划分，还有待后续进一步的探讨和论证。

1.3.5 公共产品和公共产品供给主体理论在本研究中的应用

从上述理论回顾，本研究发现，公共产品理论的核心问题是公共产品如何选择供给者，在多大程度上提供产品以及提供的规模有多大。通过对现有国内外公共产品供给的研究文献来看，对于公共产品问题的研究其实已经有很多学者对此进行了深入全面的研究，并且对于一些问题取得了理论界的共识，但是有关公共产品供给的研究还存在一些需要改进和不太完善的地方，如如何主动供给主体？选择的标准是什么？

1.4 研究思路与整体框架

本研究的总体思路是运用以交易费用为核心的制度经济学分析框架系统分析残疾人体育这一公共产品供给主体的选择标准和变迁，利用数学模型的构建来分析和解决中国目前残疾人体育服务供给的现实问题。其中，理论部分是在分析了公共产品供给主体选择的前提，即公共产品供给的非均衡机制以及公共产品的多元供给机制存在的基础上，给出残疾人体育服务供给主体选择及变迁的理论推导结论；实际应用部分则对中国残疾人体育各供给主体在供给过程中的边际交易费用进行测算，并以中美残疾人体制进行跨文化比较研究，通过实证计量分析和案例推演来验证本研究数学模型的结论。本研究研究框架见图 1－1。

第一章：导论。主要阐述论证问题的提出、主要概念的属性及界定、文章结构、分析思路及主要的创新点等。

第二章：研究现状。主要对残疾人体育发展理念和价值取向、残疾人体育组织管理制度、残疾人体育教育制度、残疾人体育训练和竞赛制度相关的研究文献进行梳理和评价。

第三章：残疾人体育服务供给分析模型的建立。通过模型分别论证单一供给主体、两供给主体以及三供给主体的社会福利改善状况，从而得出在一定条件下，三主体供给残疾人体育这一公共产品更有利于帕累托效率的改善。

第四章：运用第三章的经济学模型对中国残疾人体育服务供给这一现实问题进行分析，在阐述中国残疾人体育服务供给的多元供给现状之后，对其供给过程中的交易费用进行测算，并得出结论，即在一

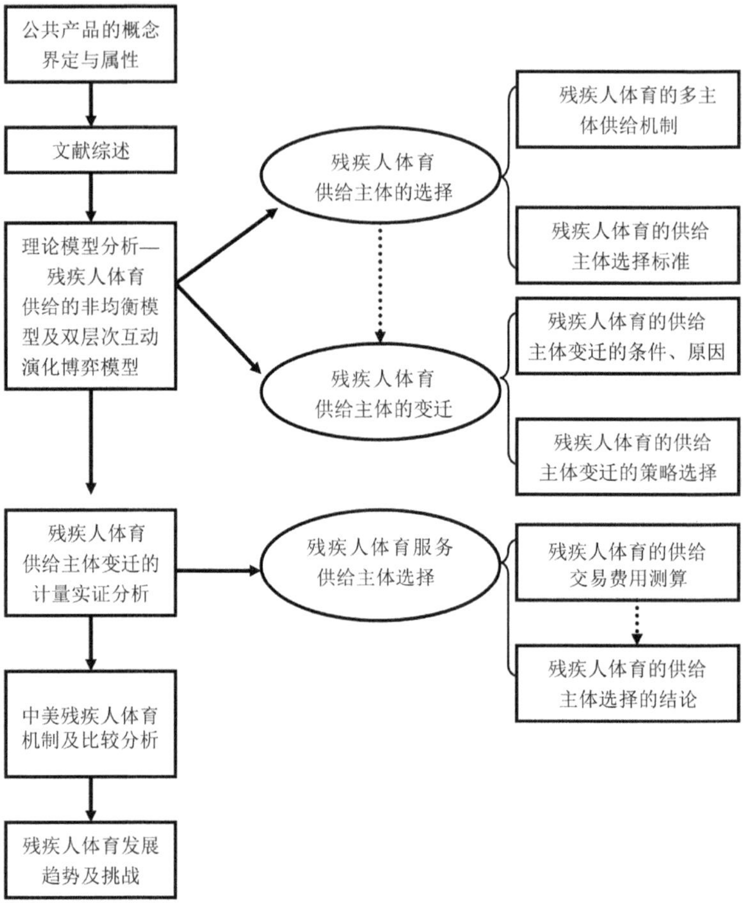

图 1－1　研究框架

定条件下，将部分残疾人体育产品由政府部门交给市场和第三方供给主体可以节约交易费用，促进帕累托效率的改善。我国残疾人事业供给主体的变迁应以强制性变迁为主，并充分发挥其他各供给主体变迁的作用。

第五章：分述中国和美国残疾人体育机制形成的历史原因、制度模式以及变迁的文化背景。通过中美残疾人体育机制进行对比分析研究，探求残疾人体育发展模式选择的制约因素，并对残疾人体育机制变迁的动力因素和阻力因素进行分析，借鉴美国残疾人体育的发展理念、价值取向以及制度模式，为中国残疾人体育机制的发展寻求合适的发展路径。

第六章：阐述我国残疾人体育服务供给未来的发展方向和面临的挑战，以及我国在探求未来残疾人体育服务供给过程中可能需要的变革及相应举措。

第七章：结论与建议。中国残疾人体育服务供给模式要与中国的现实国情相适应，就我国目前的实际情况而言，实行政府供给为主并充分发挥市场供给和自愿供给作用的多元供给主体组合模式，更有利于节约交易成本，实现帕累托效率的改善，政府—市场—自愿三供给主体结合模式是符合当前我国现实国情的供给模式。

1.5 研究方法

本研究的研究方法主要包括文献研究、数理方法和比较研究，力求实证分析与理论研究相结合，将残疾人体育服务供给主体纳入交易费用经济学的分析框架中。本研究主要运用制度变迁和交易费用的有关理论，并借助信息经济学与博弈论工具来分析残疾人供给主体选择的标准与变迁，同时也吸收了社会学理论的比较分析方法。

1.5.1 文献研究

为了探讨残疾人供给主体选择的标准以及供给主体如何变迁，需要借鉴国内外已有的相关研究成果和方法。本研究从 2011 年 6 月开始，对经济学、社会学、历史学、政治学等领域研究供给主体的相关文献进行跟踪。在阅读了大量的相关专著和论文的基础上，对残疾人体育的发展理念、价值取向、组织管理制度、教育制度、训练和竞赛制度进行了总结和论述，并对公共产品供给主体的研究和发展动态进行了总结，完成了有关供给主体理论、供给主体选择理论、供给主体选择标准以及供给主体发生变迁的形式等文献综述，本研究利用现有的文献资料评价和归纳了学者有关残疾人体育的研究成果，探讨了前人学术贡献的共同点和研究的不足，为后续本研究进行论述分析提供了强有力的理论支撑。

1.5.2 数理方法

建立残疾人体育供给的非均衡模型，通过模型分别论证单一供给主体、两供给主体以及三供给主体的社会福利改善状况，从而得出在一定条件下，三主体供给残疾人体育这一公共产品更有利于帕累托效率的改善。

运用经济学的交易费用理论分析框架阐述影响残疾人体育这一准公共产品供给过程中影响交易费用大小的因素。通过建立残疾人体育供给主体选择标准的理论模型论证残疾人体育供给主体的选择取决于供给主体供给公共产品的边际交易费用。

通过建立双层次互动演化博弈变迁模型阐释残疾人体育供给主体变迁的策略选择。根据不同情况，主体变迁可以划分为强制性变迁和非强制性变迁，任何一种变迁方式都会对供给的效率和公平产生影响。

利用 EVIEWS 3.1 进行数据分析，主要采用的方法包括相关分析和普通最小二乘法。在此基础之上，从各残疾人体育服务供给主体的交易费用进行测算，并进行了回归模拟分析，从实证角度得出政府部门供给残疾人体育所发生的边际交易费用要高于非政府部门供给残疾人体育发生的交易费用。在我国，在一定的条件下，将残疾人体育服务供给由政府部门交给非政府部门供给可以节约交易费用，从而提高残疾人体育的供给效率，实现帕累托效率的改善。

1.5.3 比较研究

在研究过程中，对中美两国残疾人体育发展理念、价值取向、组织方式、运作模式及管理机制进行了系统的跨文化比较研究，通过将中美案例进行比较研究与分析，试图从美国残疾人体育发展的理念与发展思路中探寻残疾人体育的发展机制和制度模式，以及影响残疾人体制变迁的动力因素和阻力因素，获取对中国有益的发展经验。

1.6 主要创新与不足之处

本研究的创新之处主要体现在以下几个方面。

（1）基于制度经济学中的交易费用理论视角审视了残疾人体育这一公共产品的供给问题，通过这一不同的研究视角，对残疾人体育服务供给问题有了新的认识和分析。本研究认为，在分析残疾人体育这一准公共产品时应当考虑各供给主体发生的交易费用，通过对比各供给主体在供给过程中发生的交易费用大小来选择最优的供给残疾人体育服务的供给主体。

（2）建立了残疾人体育的单一供给主体、两供给主体以及三供给主体的非均衡模型。通过数学模型的推导和严密论证得出单一供给主体、两供给主体以及三供给主体的社会福利改善状况，且都达不到供需均衡。但是，在一定条件下，两主体供给和三主体供给可以改善残疾人体育的供给状况与效率，有利于帕累托效率的改善。

（3）引入威廉姆森关于交易费用经济学的分析框架，建立了残疾人体育供给主体选择标准的理论模型。

（4）建立双层次互动演化博弈变迁模型阐释残疾人体育供给主体变迁的策略选择。通过博弈分析得出主体变迁可以划分为强制性变迁和非强制性变迁，任何一种变迁方式都会对供给的效率和公平产生影响。

（5）运用跨文化的研究方法对中美残疾人体育制度的历史形成过程、发展理念、制度模式和制度体系进行分析，并为残疾人体育的比较研究探寻出一种比较研究方法。

（6）运用残疾人供给主体选择及变迁的理论框架分析中国残疾人体育服务供给现状，并通过实证计量分析得出在一定的条件下，将部分残疾人体育产品由政府部门交给市场和自愿供给主体供给可以节约交易费用，提高供给效率。残疾人体育机制改革方案的制定要同时兼顾各个博弈主体的利益，鼓励政府供给主体、市场供给主体、自愿供给主体和残疾人群体通过多种合法渠道参与残疾人体育服务供给机制改革方案的制定。

本研究的不足之处主要表现在以下几个方面。

（1）由于时间的限制，本研究将制度经济学的分析范式运用到残疾人体育服务供给主体的选择与变迁之中，初步形成了一个理论分析框架，但基于此框架的理论模型分析尚有待进一步深化。

（2）交易费用的测算目前在理论界还没有统一的测算标准和方法，由于残疾人体育服务供给方面交易费用数据的限制，本研究在借鉴前人的测算方法基础之上，仅对政府部门与非政府部门供给残疾人体育过程中发生的交易费用进行了测算，在数据分析方面还需要通过进一步的社会调查。

（3）我国的残疾人体育经费还没有统计数据，在数据获取方面查阅了大量的文献资料并通过实地走访获取很多二手资料。目前相关社会机构对于残疾人体育服务供给的数据从整体上来讲还是比较欠缺的，还存在一些不够全面的地方。

2　研究现状

2.1　残疾人体育发展理念和价值取向的相关研究

2.1.1　残疾人体育观念的发展

残疾人体育已经经过了百余年曲折的发展，在不同时期表现出不同的观念，这种观念和当时社会经济发展水平、人文风俗、意识形态、政治背景、宗教信仰以及相关学科的发展水平等诸多因素密切相关。由于残疾人是社会中的弱势群体，同时残疾人体育又是残疾人事业的不可分割部分，因此，厘清残疾人体育的发展理念，对保障广大残疾人的合法权益、维护社会的公平公正、体现社会的文明进步、构建和谐社会就显得尤为重要和迫切。

国务院办公厅于2007年5月6日印发了《关于进一步加强残疾人体育工作的意见》，该意见全面深刻地论述了残疾人体育工作的重要社会意义，科学分析当前残疾人体育工作面临的形势和任务，就广泛展开残疾人群众体育运动、加强残疾人体育社会机构及队伍建设、营造有利于残疾人体育事业发展的社会文化环境以及加强对残疾人体育工作的领导和管理提出了非常明确的要求和意见，这是新时期指导我们开展残疾人体育工作的纲领性文件。2007年5月12日，中国残联、国家体育总局在云南联合召开全国性残疾人体育工作指导会议，中共中央政治局委员、国务院副总理回良玉出席会议并作重要讲话，他指出，发展残疾人体育事业利国利民，是坚持以人为本、促进和谐社会建设的必然要求。

2008 年残奥会闭幕后，国内外有关残疾人体育发展理念的研究越来越多，不少学者开始对残疾人体育的本质属性、价值取向以及发展理念等展开相关研究，与此同时也出现了很多分歧。如熊斗寅先生认为：残疾人体育不应划归竞技体育的范畴，它应该属于社会体育的范畴。[1] 从表面上看这似乎是关于残疾人体育的属性划分问题，但实质上却反映出对于残疾人体育发展理念的问题，也就是说残疾人体育不应该过度地追求残疾人运动员的运动成绩，而应该回归自然，将残疾人的自由发展作为主要的价值取向。张军献等从法学的权利观点分析，认为参与竞技是每个残疾人都享有的权利，也是任何人都不可剥夺的权利。残疾人竞技运动具有一定竞争性，这是残疾人竞技运动的本质属性之一，就目前而言，残疾人体育发展逐渐向高水平竞技方向发展，呈现出比较明显的趋势。同时他也指出，应该区别对待不同类型的残疾人体育，在开展残疾人竞技运动时应本着平等、自由、参与、康复、融入和人道主义的原则。[2]

上述有关残疾人体育的发展观研究，基本上都是从残疾人的发展表象着眼，并未触及到残疾人体育的本质属性，即人的全面发展这一根本目标。这也从侧面反映出我国残疾人体育研究中的薄弱和遗漏环节，也就是基于残疾人体育发展逻辑起点基础性研究还不够深入。

2.1.2 影响残疾人体育发展的理论基础和主要观点

2006 年 12 月 13 日，第 61 届联合国大会通过了《残疾人权利国际公约》，该公约的宗旨是促进、保护和确保所有残疾人充分和平等地享有一切社会大众所享有的人权和基本自由，并促进对残疾人固有尊严

---

〔1〕 熊斗寅．参加比取胜更重要——试论残疾人体育与残奥会［J］．体育与科学，2004，25（6）：5－8，39.

〔2〕 张军献，虞重干，苏小霞．竞争性或非竞争性：残疾人参与体育运动的思考［J］．体育科学，2008（4）：57－63.

的尊重。它是进入21世纪以来国际社会第一个具有法律约束力的权利公约。公约第30条第5款指出："为了使残疾人能够在与其他人平等的基础上参加娱乐、休闲和体育活动，缔约国应当采取积极措施，以便：（一）鼓励和促进残疾人尽可能充分地参加各级主流体育活动；（二）确保残疾人有机会组织、发展和参加残疾人专项体育、娱乐活动，并为此鼓励在与其他人平等的基础上提供适当指导、训练和资源；（三）确保残疾人可以使用体育、娱乐和旅游场所；……"

美国国会1968年通过的《建筑障碍法案》，1973年通过的《康复法案》，1975年通过的《所有残疾儿童教育法》以及1990年通过的《美国残疾人法案》等对美国残疾人体育权利做出了明确的规定和约束，都充分反映出美国政府对于残疾人权利的政策保护。

从各国有关权利发展沿革来看，随着社会进程的发展，各国均努力确保残疾人群体享有和健全人一样的权利和义务，保障残疾人平等地参与社会各类活动，保障残疾人公平享有社会发展的物质文明和精神文明成果。

2.2 残疾人体育组织管理制度的相关研究

残疾人体育组织管理制度也就是残疾人体育管理体制。综观世界各国残疾人体育管理体制发展的特点，本研究发现残疾人体育管理体制大都脱胎于健全人体育管理体制，并且受该国政治、经济、法律、历史文化、宗教传统等因素的制约。目前国内关于体育管理体制的研究比较多见，但对于残疾人体育管理体制的研究却显得较少，但二者之间存在较多的共性。

吕树庭教授等对北京奥运会后我国的体育管理体制改革进行了深入分析：中国体育管理体制形成的历史背景、发展过程、主要业绩和当前存在的主要问题，揭示了体育事业内部组织结构存在的四个主要矛盾，剖析了五大制约因素，并在此基础上提出了中国体育管理体制改革的五个方向和两大主要路径。[1]

易剑东在新的历史条件下对中国的体育体制改革做了如下阐述。他认为，中国体育的发展需要将更多的精力用于梳理和认识当前面临的主要矛盾和主要问题上，以实际发展情况为突破口，寻求中国体育体制改革的逻辑基点，确立新时期中国体育发展的价值理念。当前中国体育体制改革的基准点主要体现在：维护和保障大众体育权利，这是当前建设“责任政府”的必然要求，也是在体育领域的充分反映。顺应和满足社会体育需求，这是新时期“有限政府”理论对于我国发展体育事业工作的现实要求。评估和提升体育发展效益，这对于当前我国建设“有效政府”有着不可低估的影响。我国竞技体育的价值取向可以从以下 5 个方面来进行思考，包括体育与综合实力、竞争力、软实力、文化力、外交力等关系范畴，而我国群众体育的价值理念取向则可以分别从体育与基本权利、生活质量、国民健康、国家财富等关系范畴来思考，我国体育产业的价值取向可以从反垄断政策、市场资源配置的体制、法人治理结构以及政企关系、官办关系、培植体育文化力度等角度来思考。[2] 易剑东还对我国的体育体制改革路径做了理论上的假设。

卢雁等对我国的残疾人体育管理体制进行了专门研究，他们指出，近 20 年来，我国高度集中的举国体制和以科层制为核心的组织结构及其管理模式对中国残疾人体育事业的快速发展起到了非常重要作用。但是，随着残疾人体育自身的发展以及外部社会环境的变革导致传统的组织结构与管理模式呈现出明显的不适应性。他们还分析了现行组织结构特征及关联影响因素，客观评价现行管理组织结构以及管理效能、效率，提出了进行组织结构改革的依据。[3] 张龙通过对中日残疾

---

〔1〕 吕树庭，商执娜．北京奥运会后中国体育管理体制改革的思考［J］．武汉体育学院学报，2010，44（7）：9－15.

〔2〕 易剑东．中国体育体制改革的逻辑基点与价值取向［J］．体育学刊，2011（1）：14－24.

〔3〕 卢雁，韩松，李伟一．我国残疾人体育管理组织结构之研究［J］．北京体育大学学报，2004（12）：1698－1700.

人管理体系的比较发现：中国残奥中心必须划入我国群众体育的管理体系，实现残疾人体育融入大众体育；残奥中心的工作需从筹办残奥会转移到发展残疾人群众体育事业上来；成立相关机构以加快残疾人体育指导员的培养；通过建立大型的地域性综合体育俱乐部来实现残疾人体育与健全人体育共同发展，这是残疾人体育发展的必由之路。[1]

关于体育管理体制的问题，很多学者进行了大量的深入研究，并且将自身的理论与现实情况相结合。因此，如果现存体制已经明显不能适应新的历史时期的要求，那么就必须进行相应变革以适应新的条件和环境，这对我国残疾人体育管理体制的改革和发展有很大的借鉴意义。由于残疾人体育的特殊性，残疾人体育从某种程度上来说是属于公益事业，不宜完全市场化。健全人体育管理体制的管理主体是国家下设的各级体育局，是正式的官方行政部门。而残疾人体育管理体制的管理主体是各级残联，属于在民政部门登记注册，而且是“官办民间组织”行使着行政化的管理职能，这一改革必然涉及官办民间组织的去行政化问题。因此，残疾人体育事业的管理体制改革并不能完全依照健全人体育管理体制的模式和路径来进行分析，虽然卢雁等的研究主要对我国残疾人体育管理体制进行了定性研究，但是并未指出改革的方向及路径。

2.3 残疾人体育教育制度的相关研究

残疾人体育教育制度实际上应该包括以下两个方面的内容：一方面是保障残疾人学生公平、平等地接受体育教育权利的政策或制度；另一方面是培养残疾人体育师资、教练员和残疾人体育指导员的政策或体制。

2.3.1 关于残疾人学校体育制度的研究

近年来，很多学者都倾向于研究关于残疾人学校的体育制度，并

[1] 张龙．中日残疾人体育组织管理体系比较［J］．体育学刊，2009（4）：34－36.

逐渐成了残疾人体育研究的热点领域。这方面的研究包括基于残疾人享有受教育权利的研究。如周加启等从体育法学的角度分析了学校体育既要面向全体健全的学生，也要面向残疾青少年，即包括社会所有青年大众这个群体。结合目前我国残疾青少年的现状，提出加强残疾青少年体育锻炼的必要性和运动参与的建议。[1] 还有些学者进行了有关残疾人学校体育目的任务的研究，如刘美奋等认为，研究特殊教育学校体育是为贯彻落实科学发展观，为特殊教育学校体育全面、协调、可持续发展提供理论研究依据，为教育行政部门提供咨询服务和发展对策研究。[2] 赵志荣等认为，特殊教育学校体育是我国国民教育的重要组成部分，也是我国体育事业和全民健身的一部分，对提高残疾人的素质具有十分重要的意义。[3]

当然，还有相当一部分学者的研究涉及我国区域性残疾人学校体育的现状社会调查问题及影响变量研究。刘美奋等通过调查发现，多数特殊教育学校能开设体育课，并且非常重视这方面的体育教学，但由于体育教学大纲和教材较落后，导致特殊教育学校课外体育活动依然不足：80%的特殊教育学校坚持早操、课间操活动；70%的学校坚持每周2次课外体育活动；65%的学校有运动代表队2~3个，多数学生非常愿意参加训练和比赛，但课外体育活动不景气。[4] 朱卫东等从思想观念、教学条件、教学大纲、学生能力、沟通困难、师资力量等方面分析影响特殊教育学校体育发展的因素，他认为师资队伍是影响特殊教育学校体育发展的重要因素之一，体育教师中的大部分人的知

---

〔1〕 周加启，李兴昌．从体育法学角度解读残疾青少年体育锻炼［J］．运动，2010（12）：155－156.

〔2〕 刘美奋，张华，刘健，等．山东省特殊教育学校体育现状调查及发展对策研究［J］．山东体育学院报，2005（5）：113－114，118.

〔3〕 赵志荣，高凤山，殷红，等．河南省特殊教育学校体育师资现状调查与分析［J］．中国特殊教育，2005（10）：88－90.

〔4〕 刘美奋，陈统军，刘建军．我国特殊教育体育师资队伍培养体制与模式的研究［J］．中国特殊教育，2005（8）：78－80.

识层次还有待于提高。[1]

纵观我国残疾人学校体育的研究现状，大部分学者的研究仍然都集中在中观领域（如区域性的残疾人学校体育现状社会调研），涉及残疾人体育的动作技能形成规律的微观研究以及学校体育的法制建设、管理体制、运行机制等方面的宏观研究还非常之少，区域性的社会调研较多，而全国大范围样本的调研较少。

2.3.2 关于残疾人体育师资培养制度的研究

目前国内有些学者认为，我国残疾人体育发展较为缓慢主要在于残疾人体育师资的匮乏，不少研究者对我国的残疾人体育师资的培养模式和培养路径进行了系统化分析，并给出了自己的建议性意见。比如，陈适晖教授对于我国残疾人体育师资培养的路径给出了以下建议：①在现有体育本科课程中增加 1～2 门残疾人体育课目对其进行培训。②举行学术研讨会、讲座及实际表演和操作对在职教师进行培训。③增加残疾人体育的辅修专项以培养具有一定残疾人体育知识的专业体育教师，同时设置更高层次的残疾人体育的硕士学位以培养各校残疾人体育的领导人才。[2]

谢可乐、唐成分析论证了我国目前残疾人体育师资的培养有以下 3 种模式：①在普通高师院校体育教育专业中培养特殊体育师资的模式。②在高等体育院校设立特殊教育体育专业中培养师资的模式。③在教育学院体育教育专业中通过继续教育的形式培养特殊体育师资的模式。[3]

金梅等对我国体育院校特殊教育专业设置中的某些问题进行了分析，包括培养目标、师资队伍、课程设置等具体内容。其中，课程设

---

〔1〕 朱卫东，叶巍，李文辉．江苏省残疾人体育教育的现状调查及对策研究［J］．北京体育大学学报，2005：535－537.

〔2〕 陈适晖．残疾人体育在中国的发展及师资培训［C］//残疾人体育研究．北京：北京体育大学出版社，2004：220－225.

〔3〕 谢可乐，唐成．对我国特殊体育师资培养模式的再思考［J］．体育世界：学术版，2008（8）：32－33.

置方面，认为要修订教学计划、确定主干课程，并最终形成课程体系；另外她还认为要进一步加强教材建设，完善课程教学大纲，并且通过教学实践等来强化教育成果。

目前，我国的残疾人体育师资培养基本全面启动，不少体育院校、师范大学体育系根据招生特点开设了特殊体育教育的相关专业和课程。很多学者的研究也比较全面、具体，具有较强的实际指导意义。

2.4 残疾人体育训练和竞赛制度的相关研究

与健全人体育竞赛制度类似，我国已经初步建立起有关残疾人体育竞赛的体系，即4年1届的全国残疾人运动会。目前，我国的残疾人体育训练和竞赛体系主要围绕着全国残运会和残奥会来进行，而对于我国的训练和竞赛制度的模式、竞赛体系的改革方面的研究文献尚不多见，尤其是关于残疾人学校体育竞赛的研究则几乎还没有涉及，研究主要集中在残疾人竞技体育比赛方面。熊健、庄茂花等从政府和社会的责任和残疾人体育的人力资源（包括残疾人运动员、教练员和裁判员）方面对于完善我国残疾人体育运动训练体系做了相关研究，并提出相关建议。[1]

金梅、陈适晖针对我国残疾人竞技体育的实际发展现状，提出应根据新时期的发展条件来制定残疾人竞技体育发展蓝图，提高和完善发展机制。进一步加强和完善举国体制，具体规划、分级部署、开拓创新，推进和完善残奥会、特奥会、聋奥会管理体制改革，改善和加强残奥中心与地方残联体育部门的联系，建立健全科学的工作机制和合理的规章制度，不断进行各单项和集体项目管理、训练、竞赛办法的探索。[2]

---

〔1〕 熊健，庄茂花，王小兵．完善我国残疾人体育运动训练体系的几点建议［C］//残疾人体育研究．北京：北京体育大学出版社，2004：133－138.

〔2〕 金梅，陈适晖．我国残疾人竞技体育发展现状及对策研究［J］．天津体育学院学报，2006，21（5）：433－435.

本研究认为，残疾人体育的训练和竞赛要以群众体育和学校体育为主要阵地，要建立遵循公平公正的管理机制，加强残疾人群众体育和校际间的比赛和娱乐，让更多的残疾人参与到体育运动这项事业中来，感受运动的快乐并通过运动加强相互交流与沟通，逐渐融入社会，最终从根本上保障残疾人体育事业的可持续发展。因此，有关残疾人群众体育和学校体育的赛制研究以及训练体制的探索，将会是未来体育机制研究的重要方向。

3 残疾人体育服务供给分析模型的建立

从世界各国发展残疾人体育服务事业的做法来看，残疾人体育服务的供给主体存在以下 3 种形式：政府、市场及以第三部门为主体的自愿供给主体。

残疾人体育服务的政府供给是指政府通过合理的法律程序，以向社会征税为主要手段筹集资金，并在政府预算中单独安排支出以供给残疾人体育服务这一公共产品的供给方式。

残疾人体育服务的市场供给是指营利组织以市场为导向，按实际需求生产产品，并通过收费等方式补偿支出以供给残疾人教育、基础设施等公共产品的供给方式。

残疾人体育服务的第三部门供给是个人或单位自愿以社会捐赠或其他形式等无偿筹集资金，直接或间接用于残疾人教育、体育或基础设施等公益用途，并接受公众监督的供给方式。

从中国实际国情出发，残疾人体育服务供给主体可以在政府、市场、第三部门中选择一个供给主体或者一个供给组合。供给组合包括政府—市场供给、政府—第三部门供给、市场—第三部门供给、政府—市场—第三部门供给 4 种形式。本章试图通过数学模型说明残疾人体育服务作为公共产品由哪种供给主体来供给会更加有利于帕累托改进，以此解决残疾人体育服务供给机制的低效率和失灵问题。

交易成本经济学为分析供给主体提供了一个很好的理论分析框架，本章借鉴了交易成本理论关于供给主体选择的分析，运用信息经济学与博弈论模型，解释供给主体相互博弈的选择策略，以及如何利用交易费用来判断由哪种供给主体来进行供给更为合理。

3.1 残疾人体育服务供给的非均衡模型

3.1.1 基本假设

(1) 社会供给两种产品：X 和 Y，X 表示私人产品，Y 表示公共产品。X 和 Y 由以下三个供给者提供：政府 G、市场 E 和第三部门 N。

(2) 生产要素包括：资本和劳动，分别用 K 和 L 表示。K_G 和 L_G 分别为政府所耗费的资本量和劳动量，K_E 和 L_E 分别为市场所耗费的资本量和劳动量，K_N 和 L_N 分别为第三部门所耗费的资本量和劳动量，且 $K_G+K_E+K_N=K$，$L_G+L_E+L_N=L$。

(3) 价格是恒定的。模型中笔者视公共产品、私人产品、资本和劳动的价格都是固定的。

(4) 生产要素的边际产出递减且规模收益保持不变。

(5) 两种产品分别以不同的比例使用资本和劳动这两种生产要素，生产函数为凹向原点的曲线。

由此我们可以构建如下的生产函数：

$$\begin{cases} X_G=AK_{11}^{a}L_{11}^{b}, & a,\ b>0,\ a+b=1 \\ Y_G=BK_{21}^{c}L_{21}^{d}, & c,\ d>0,\ c+d=1 \end{cases}$$

且 $a<b$，$c>d$，并由假设 (5) 可知：$c>a$，$b>d$

$$\begin{cases} X_E=AK_{12}^{e}L_{12}^{f}, & e,\ f>0,\ e+f=1 \\ Y_E=BK_{22}^{g}L_{22}^{h}, & g,\ h>0,\ g+h=1 \end{cases}$$

且 $e<f$，$g>h$，并由假设 (5) 可知：$g>e$，$f>h$

$$\begin{cases} X_N=AK_{13}^{i}L_{13}^{j}, & i,\ j>0,\ i+j=1 \\ Y_N=BK_{23}^{m}L_{23}^{n}, & m,\ n>0,\ m+n=1 \end{cases}$$

且 $i<j$，$m>n$，并由假设 (5) 可知：$m>i$，$j>n$

可以构建如下的居民福利函数：

$$W=W_0+\alpha\ln X+\beta\ln Y$$

$\alpha > \beta > 0$，且 $\alpha + \beta = 1$

国民收入 R 为居民的收入之和，且国民收入在政府、市场与第三部门之间进行分配，即 $R = R_1 + R_2 + R_3$，其中 R_1 为政府组织的收入，R_2 为市场组织的收入，R_3 为第三部门组织的收入。

根据上述假设条件，在居民收入既定的条件下，要实现居民福利最大化，也就是要满足下列条件：

$Max\ (W_0 + \alpha \ln X + \beta \ln Y)$

$s.t P_X X + P_Y Y = R$

由此可得出居民的产品需求函数：

$$\begin{cases} X\ (P_X,\ P_Y,\ R) = \alpha R / P_X \\ Y\ (P_X,\ P_Y,\ R) = \beta R / P_Y \end{cases} \tag{1.1}$$

从上式中可以看出：居民对公共产品的需求受居民的消费偏好 β、公共产品的价格 P_Y、居民的收入 R 的影响。

3.1.2 单一主体供给的非均衡模型

3.1.2.1 政府供给残疾人体育的供给函数

假设残疾人体育服务这一公共产品都是由政府进行供给，由于信息不对称，政府对残疾人社会福利函数可由下式表示：

$$W = W_1 + \varepsilon \ln X + \lambda \ln Y,\ \varepsilon > \alpha > 0,\ \beta > \lambda > 0,\ 且\ \varepsilon + \lambda = 1 \tag{1.2}$$

在此前提下，政府提供公共产品，要想实现残疾人社会福利的最大化，必须：

$Max\ (W_1 + \varepsilon \ln X + \lambda \ln Y)$

$$s.t.\quad P_X X + P_Y Y = R_1 \tag{1.3}$$

由此我们可以得出政府供给残疾人体育这一公共产品的数量为：

$$\begin{cases} X\ (P_X,\ P_Y,\ R_1) = \varepsilon R_1 / P_X \\ Y\ (P_X,\ P_Y,\ R_1) = \lambda R_1 / P_Y \end{cases} \tag{1.4}$$

（1.4）式与（1.1）式相比，根据假设条件（1.2）式的条件，我们得出：

$$\lambda R_1/P_Y < \beta R/P_Y \quad (1.5)$$

该不等式说明：$\lambda < \beta$ 且 $R_1 < R$ 的情形下，政府单一供给残疾人体育这一公共产品无法实现残疾人福利的最大化。

结论 1：在政府不了解残疾人的偏好且政府组织的收入小于国民收入的情况下，残疾人体育的供给有可能无法完全满足残疾人对公共产品的实际需求，残疾人福利无法达到帕累托最优。

3.1.2.2 市场供给残疾人体育的供给函数

假设残疾人体育服务这一公共产品都是由市场进行供给，由于信息不对称，市场对残疾人社会福利函数可由下式表示：

$$W = W_2 + \eta \ln X + \theta \ln Y,\ \eta > \alpha > 0,\ \beta > \theta > 0,\ 且\ \eta + \theta = 1 \quad (1.6)$$

在此前提下，市场提供公共产品，要想实现残疾人社会福利的最大化，必须：

$$Max\ (W_2 + \eta \ln X + \theta \ln Y)$$

$$s.t.\ P_X X + P_Y Y = R_2 \quad (1.7)$$

由此我们可以得出市场供给残疾人体育这一公共产品的数量为：

$$\begin{cases} X\ (P_X,\ P_Y,\ R_2)\ = \eta R_2/P_X \\ Y\ (P_X,\ P_Y,\ R_2)\ = \theta R_2/P_Y \end{cases} \quad (1.8)$$

（1.8）式与（1.1）式相比，根据假设条件（1.6）式的条件，我们可以得出：

$$\theta R_2/P_Y < \beta R/P_Y \quad (1.9)$$

该不等式说明：$\theta < \beta$ 且 $R_2 < R$ 的情形下，市场单一供给残疾人体育这一公共产品无法实现残疾人福利的最大化。

结论 2：在市场不了解残疾人的偏好且市场组织的收入小于国民收入的情况下，残疾人体育服务的供给有可能无法完全满足残疾人对公共产品的实际需求，残疾人福利无法达到帕累托最优。

3.1.2.3 第三部门供给残疾人体育的供给函数

假设残疾人体育服务这一公共产品都是由第三部门进行供给，由于信息不对称，第三部门对残疾人社会福利函数可由下式表示：

$$W = W_3 + \varphi \ln X + \sigma \ln Y，\varphi > \alpha > 0，\beta > \sigma > 0，且 \varphi + \sigma = 1 \quad (1.10)$$

在此前提下，第三部门提供公共产品，要想实现残疾人社会福利的最大化，必须：

$$Max\ (W_3 + \varphi \ln X + \sigma \ln Y)$$
$$s.t.\ P_X X + P_Y Y = R_3 \quad (1.11)$$

由此我们可以得出第三部门供给残疾人体育这一公共产品的数量为：

$$\begin{cases} X\ (P_X,\ P_Y,\ R_3) = \varphi R_3 / P_X \\ Y\ (P_X,\ P_Y,\ R_3) = \sigma R_3 / P_Y \end{cases} \quad (1.12)$$

（1.12）式与（1.1）式相比，根据假设条件（1.10）式的条件，我们可以得出：

$$\sigma R_3 / P_Y < \beta R / P_Y \quad (1.13)$$

该不等式说明：$\sigma < \beta$ 且 $R_3 < R$ 的情形下，第三部门单一供给残疾人体育这一公共产品无法实现残疾人福利的最大化。

结论 3：在第三部门不了解残疾人的偏好且第三部门组织的收入小于国民收入的情况下，残疾人体育服务的供给有可能无法完全满足残疾人对公共产品的实际需求，残疾人福利无法达到帕累托最优。

小结：任何单一供给主体在不了解残疾人偏好且其收入小于国民收入的情况下，其供给残疾人体育服务这一公共产品都可能与残疾人的实际需求不一致，无法实现残疾人福利的最大化。

3.1.3 两主体供给的非均衡模型

3.1.3.1 政府—市场供给残疾人体育的供给函数

假设残疾人体育服务这一公共产品由政府和市场共同供给，政府供给私人产品与公共产品的数量分别为 x_1、y_1，市场供给私人产品与公共产品的数量分别为 x_2、y_2，并且 $x_1 + x_2 = X$，$y_1 + y_2 = Y$，政府组织的收入为 R_1，市场组织的收入为 R_2，且 $R_1 + R_2 = R$。

由于信息不对称，政府对残疾人社会福利函数的判断为：

$W=W_1+\varepsilon\ln X+\lambda\ln Y$，$\varepsilon>\alpha>0$，$\beta>\lambda>0$，且 $\varepsilon+\lambda=1$ （1.14）

在此前提下，政府提供公共产品，要想实现残疾人社会福利的最大化，必须：

$$Max\ [W_1+\varepsilon\ln(x_1+x_2)+\lambda\ln(y_1+y_2)]$$

$$s.t.\ P_X x_1+P_Y y_1=R_1 \quad (1.15)$$

通过构造拉格朗日方程分别对 x_1 和 y_1 求导，我们计算出政府供给的数量为：

$$\begin{cases} x_1(P_X,\ P_Y,\ R)=\varepsilon R/P_X-x_2 \\ y_1(P_X,\ P_Y,\ R)=\lambda R/P_Y-y_2 \end{cases} \quad (1.16)$$

由于信息不对称，市场对残疾人社会福利函数的判断为：

$W=W_2+\eta\ln X+\theta\ln Y$，$\eta>\alpha>0$，$\beta>\theta>0$，且 $\eta+\theta=1$ （1.17）

在此前提下，市场提供公共产品，要想实现残疾人社会福利的最大化，必须：

$$Max\ [W_2+\eta\ln(x_1+x_2)+\theta\ln(y_1+y_2)]$$

$$s.t.\ P_X x_2+P_Y y_2=R_2 \quad (1.18)$$

通过构造拉格朗日方程分别对 x_2 和 y_2 求导，我们可以得出市场供给残疾人体育这一公共产品的数量为：

$$\begin{cases} x_2(P_X,\ P_Y,\ R)=\eta R/P_X-x_1 \\ y_2(P_X,\ P_Y,\ R)=\theta R/P_Y-y_1 \end{cases} \quad (1.19)$$

（1.16）式与（1.19）式相加，我们可以得出：

$$Y=y_1+y_2=(\lambda+\theta)R/2P_Y \quad (1.20)$$

（1）$\lambda<\theta$ 或者 $R_1<R_2$ 时，我们可以得出不等式：$\lambda=(\lambda+\lambda)/2<(\lambda+\theta)/2$；$R_1=(R_1+R_1)/2<R/2=(R_1+R_2)/2$，也就是 $Y>\lambda R_1/P_Y$。

因此，在市场比政府更了解残疾人的偏好或者市场比政府能够取得更大的收入的情形下，政府与市场同时供给比政府单一主体供给的数量更多，更有利于帕累托改进。

（2）$\lambda>\theta$ 或者 $R_1>R_2$ 时，我们可以得出不等式：$\lambda=(\lambda+\lambda)/$

$2>(\lambda+\theta)/2$；$R/2=(R_1+R_2)/2>R_2=(R_2+R_2)/2$，也就是 $Y>\theta R_2/P_Y$。

因此，在政府比市场更了解残疾人的偏好或者政府比市场能够取得更大的收入的情形下，政府与市场同时供给比市场单一主体供给的数量更多，更有利于帕累托改进。

3.1.3.2 政府—第三部门供给残疾人体育的供给函数

假设公共产品由政府和第三部门共同供给，政府供给私人产品与公共产品的数量分别为 x_1、y_1，第三部门供给私人产品与公共产品的数量分别为 x_3、y_3，并且 $x_1+x_3=X$，$y_1+y_3=Y$，政府组织的收入为 R_1，第三部门组织的收入为 R_3，且 $R_1+R_3=R$。

由于信息不对称，政府对残疾人社会福利函数的判断为：

$$W=W_1+\varepsilon\ln X+\lambda\ln Y,\ \varepsilon>\alpha>0,\ \beta>\lambda>0,\ \text{且}\ \varepsilon+\lambda=1 \quad (1.21)$$

在此前提下，政府提供公共产品，要想实现残疾人社会福利的最大化，必须：

$$Max\ [W_1+\varepsilon\ln(x_1+x_3)+\lambda\ln(y_1+y_3)]$$
$$s.t.\ P_X x_1+P_Y y_1=R_1 \quad (1.22)$$

通过构造拉格朗日方程分别对 x_1 和 y_1 求导，我们计算出政府供给的数量为：

$$\begin{cases} x_1(P_X,\ P_Y,\ R)=\varepsilon R/P_X-x_3 \\ y_1(P_X,\ P_Y,\ R)=\lambda R/P_Y-y_3 \end{cases} \quad (1.23)$$

由于信息不对称，第三部门对残疾人社会福利函数的判断为：

$$W=W_3+\varphi\ln X+\sigma\ln Y,\ \varphi>\alpha>0,\ \beta>\sigma>0,\ \text{且}\ \varphi+\sigma=1 \quad (1.24)$$

在此前提下，第三部门提供公共产品，要想实现残疾人社会福利的最大化，必须：

$$Max\ [W_3+\varphi\ln(x_1+x_3)+\sigma\ln(y_1+y_3)]$$
$$s.t.\ P_X x_3+P_Y y_3=R_3 \quad (1.25)$$

由此我们可以得出第三部门供给残疾人体育这一公共产品的数

量为：

$$\begin{cases} x_3(P_X, P_Y, R) = \varphi R/P_X - x_1 \\ y_3(P_X, P_Y, R) = \sigma R/P_Y - y_1 \end{cases} \quad (1.26)$$

（1.23）式与（1.26）式相加，我们可以得出：

$$Y = y_1 + y_3 = (\lambda + \sigma) R/2P_Y \quad (1.27)$$

（1）$\lambda < \sigma$ 或者 $R_1 < R_3$ 时，我们可以得出不等式：$\lambda = (\lambda + \lambda)/2 < (\lambda + \sigma)/2$；$R_1 = (R_1 + R_1)/2 < R/2 = (R_1 + R_3)/2$，也就是 $Y > \lambda R_1/P_Y$。

因此，在第三部门比政府更了解残疾人的偏好或者第三部门比政府能够取得更大的收益的情形下，政府与第三部门同时供给比政府单一主体供给的数量更多，更有利于帕累托改进。

（2）$\lambda > \sigma$ 或者 $R_1 > R_3$ 时，我们可以得出不等式：$\lambda = (\lambda + \lambda)/2 > (\lambda + \sigma)/2$；$R/2 = (R_1 + R_3)/2 > R_3 = (R_3 + R_3)/2$，也就是 $Y > \sigma R_3/P_Y$。

因此，在政府比第三部门更了解残疾人的偏好或者政府比第三部门能够取得更大的收入的情形下，政府与第三部门同时供给比第三部门单一主体供给的数量更多，更有利于帕累托改进。

3.1.3.3　市场—第三部门供给残疾人体育的供给函数

假设公共产品由市场和第三部门共同供给，市场供给私人产品与公共产品的数量分别为 x_2、y_2，第三部门供给私人产品与公共产品的数量分别为 x_3、y_3，并且 $x_2 + x_3 = X$，$y_2 + y_3 = Y$，市场组织的收入为 R_2，第三部门组织的收入为 R_3，且 $R_2 + R_3 = R$。

由于信息不对称，市场对残疾人社会福利函数的判断为：

$$W = W_2 + \eta \ln X + \theta \ln Y, \ \eta > \alpha > 0, \ \beta > \theta > 0, \text{且} \ \eta + \theta = 1 \quad (1.28)$$

在此前提下，市场提供公共产品，要想实现残疾人社会福利的最大化，必须：

$$Max\left[W_2 + \eta \ln(x_2 + x_3) + \theta \ln(y_2 + y_3)\right]$$

$$s.t.\ P_X x_2 + P_Y y_2 = R_2 \qquad (1.29)$$

通过构造拉格朗日方程分别对 x_2 和 y_2 求导，我们计算出市场供给的数量为：

$$\begin{cases} x_2\ (P_X,\ P_Y,\ R)\ = \eta R/P_X - x_3 \\ y_2\ (P_X,\ P_Y,\ R)\ = \theta R/P_Y - y_3 \end{cases} \qquad (1.30)$$

由于信息不对称，第三部门对残疾人社会福利函数的判断为：

$$W = W_3 + \varphi \ln X + \sigma \ln Y,\ \varphi > \alpha > 0,\ \beta > \sigma > 0,\ 且\ \varphi + \sigma = 1 \qquad (1.31)$$

在此前提下，第三部门提供公共产品，要想实现残疾人社会福利的最大化，必须：

$$Max\ [W_3 + \varphi \ln\ (x_1 + x_3)\ + \sigma \ln\ (y_1 + y_3)]$$

$$s.t.\ P_X x_3 + P_Y y_3 = R_3 \qquad (1.32)$$

由此我们可以得出第三部门供给残疾人体育这一公共产品的数量为：

$$\begin{cases} x_3\ (P_X,\ P_Y,\ R)\ = \varphi R/P_X - x_2 \\ y_3\ (P_X,\ P_Y,\ R)\ = \sigma R/P_Y - y_2 \end{cases} \qquad (1.33)$$

（1.30）式与（1.33）式相加，我们可以得出：

$$Y = y_2 + y_3 = \ (\theta + \sigma)\ R/2P_Y \qquad (1.34)$$

（1）$\theta < \sigma$ 或者 $R_2 < R_3$ 时，我们可以得出不等式：$\theta = \ (\theta + \theta)\ /2 < \ (\theta + \sigma)\ /2$；$R_2 = \ (R_2 + R_2)\ /2 < R/2 = \ (R_2 + R_3)\ /2$，也就是 $Y > \theta R_2 / P_Y$。

因此，在第三部门比市场更了解残疾人的偏好或者第三部门比市场能够取得更大的收入的情形下，第三部门与市场同时供给比市场单一主体供给的数量更多，更有利于帕累托改进。

（2）$\theta > \sigma$ 或者 $R_2 > R_3$ 时，我们可以得出不等式：$\theta = \ (\theta + \theta)\ /2 > \ (\theta + \sigma)\ /2$；$R/2 = \ (R_2 + R_3)\ /2 > R_3 = \ (R_3 + R_3)\ /2$，也就是 $Y > \sigma R_3 / P_Y$。

因此，在市场比第三部门更了解残疾人的偏好或者市场比第三部门能够取得更大的收入的情形下，市场与第三部门同时供给比第三部门单一主体供给的数量更多，更有利于帕累托改进。

结论4：在一定的条件下，两主体供给机制比单一主体供给机制更有利于实现帕累托改进。

3.1.4 三主体供给的非均衡模型

假设残疾人体育服务这一公共产品由政府、市场和第三部门共同供给，政府供给私人产品与公共产品的数量分别为 x_1、y_1，市场供给私人产品与公共产品的数量分别为 x_2、y_2，第三部门供给私人产品与公共产品的数量分别为 x_3、y_3，并且 $x_1+x_2+x_3=X$，$y_1+y_2+y_3=Y$，政府组织的收入为 R_1，市场组织的收入为 R_2，第三部门组织的收入为 R_3，且 $R_1+R_2+R_3=R$。

由于信息不对称，政府对残疾人社会福利函数的判断为：

$$W=W_1+\varepsilon\ln X+\lambda\ln Y,\ \varepsilon>\alpha>0,\ \beta>\lambda>0,\ 且\ \varepsilon+\lambda=1 \quad (1.35)$$

在此前提下，政府提供公共产品，要想实现残疾人社会福利的最大化，必须：

$$Max\ [W_1+\varepsilon\ln(x_1+x_2+x_3)+\lambda\ln(y_1+y_2+y_3)]$$
$$s.t.\ P_X x_1+P_Y y_1=R_1 \quad (1.36)$$

通过构造拉格朗日方程分别对 x_1 和 y_1 求导，我们计算出政府供给的数量为：

$$\begin{cases} x_1(P_X,\ P_Y,\ R)=\varepsilon R/P_X-x_2-x_3 \\ y_1(P_X,\ P_Y,\ R)=\lambda R/P_Y-y_2-y_3 \end{cases} \quad (1.37)$$

由于信息不对称，市场对残疾人社会福利函数的判断为：

$$W=W_2+\eta\ln X+\theta\ln Y,\ \eta>\alpha>0,\ \beta>\theta>0,\ 且\ \eta+\theta=1 \quad (1.38)$$

在此前提下，市场提供公共产品，要想实现残疾人社会福利的最大化，必须：

$$Max\ [W_2+\eta\ln(x_1+x_2+x_3)+\theta\ln(y_1+y_2+y_3)]$$
$$s.t.\ P_X x_2+P_Y y_2=R_2 \quad (1.39)$$

通过构造拉格朗日方程分别对 x_2 和 y_2 求导，我们计算出市场供给的数量为：

$$\begin{cases} x_2(P_X,\ P_Y,\ R)=\eta R/P_X-x_1-x_3 \\ y_2(P_X,\ P_Y,\ R)=\theta R/P_Y-y_1-y_3 \end{cases} \quad (1.40)$$

由于信息不对称，第三部门对残疾人社会福利函数的判断为：

$W = W_3 + \varphi \ln X + \sigma \ln Y$，$\varphi > \alpha > 0$，$\beta > \sigma > 0$，且 $\varphi + \sigma = 1$ （1.41）

在此前提下，第三部门提供公共产品，要想实现残疾人社会福利的最大化，必须：

$$Max\ [W_3 + \varphi \ln (x_1 + x_2 + x_3) + \sigma \ln (y_1 + y_2 + y_3)]$$

$$s.t.\ P_X x_3 + P_Y y_3 = R_3 \quad (1.42)$$

由此我们可以得出第三部门供给残疾人体育这一公共产品的数量为：

$$\begin{cases} x_3(P_X, P_Y, R) = \varphi R / P_X - x_1 - x_2 \\ y_3(P_X, P_Y, R) = \sigma R / P_Y - y_1 - y_2 \end{cases} \quad (1.43)$$

（1.37）式、（1.40）式与（1.43）式相加，我们可以得出：

$$Y = y_1 + y_2 + y_3 = (\lambda + \theta + \sigma) R / 3P_Y \quad (1.44)$$

（1）$\lambda + \theta < \sigma$ 或者 $R_1 + R_2 < R_3$ 时，我们可以得出不等式：$(\lambda + \theta)/2 < 2(\lambda + \theta)/3 < (\lambda + \theta + \sigma)/3$； $(R_1 + R_2)/2 < 2(R_1 + R_2)/3 < (R_1 + R_2 + R_3)/3$，也就是 $Y > (\lambda + \theta) R / 2P_Y$。

因此，如果第三部门比政府和市场更了解残疾人的偏好或者第三部门比政府和市场能够取得更大的收入，三主体供给的数量比政府和市场两主体供给的数量更多，更有利于帕累托改进。

（2）$\theta + \sigma < \lambda$ 或者 $R_2 + R_3 < R_1$ 时，我们可以得出不等式：$(\sigma + \theta)/2 < 2(\sigma + \theta)/3 < (\lambda + \theta + \sigma)/3$； $(R_2 + R_3)/2 < 2(R_2 + R_3)/3 < (R_1 + R_2 + R_3)/3$，也就是 $Y > (\sigma + \theta) R / 2P_Y$。

因此，如果政府比市场和第三部门更了解残疾人的偏好或者政府比市场和第三部门能够取得更大的收入，三主体供给的数量比市场和第三部门两主体供给的数量更多，更有利于帕累托改进。

（3）$\lambda + \sigma < \theta$ 或者 $R_1 + R_3 < R_2$ 时，我们可以得出不等式：$(\sigma + \lambda)/2 < 2(\sigma + \lambda)/3 < (\lambda + \theta + \sigma)/3$； $(R_1 + R_3)/2 < 2(R_1 + R_3)/3 < (R_1 + R_2 + R_3)/3$，也就是 $Y > (\lambda + \sigma) R / 2P_Y$。

因此，如果市场比政府和第三部门更了解残疾人的偏好或者市场比政府和第三部门能够取得更大的收入，三主体供给的数量比政府和

第三部门两主体供给的数量更多，更有利于帕累托改进。

结论5：在一定的条件下，三主体供给机制比两主体供给机制更有利于实现帕累托改进。

3.2 残疾人体育服务供给主体选择标准的模型解释

在上述文献综述中，本研究对公共产品各供给阶段的主体供应该由哪些主体来供给已经进行了论述和分析，发现公共产品的供给主体大致经历了以下3个阶段。第一阶段，理论界认识到公共产品供给单纯由市场供给会出现“市场失灵”，此时政府必须介入和干涉来弥补“市场失灵”。第二阶段，政府因为其社会活动的影响力和公共投入的积极性，已经开始越来越多地介入社会经济的多个范畴，但是由于政府在提供公共产品时信息收集不全面或者信息不对称等，所提供的公共产品数量往往不能够满足消费者对公共产品的期望，导致供给不足，不能实现社会福利的最优化配置，也存在“政府失灵”的情况，而且部分公共产品如果交由私人部门来供给，其效率和供给质量均比政府单独供给要好得多。理论界认识到公共产品可以由政府来供给，也可以由市场来供给，即市场和政府一样都可以在供给过程中发挥独特的作用。第三阶段，某些情况下，如在公共产品存在“政府失灵”与“市场失灵”并存的情况下，自愿供给这种以第三部门为供给主体的形式在社会中发挥着不可替代的作用，补充了政府供给与市场供给的不足之处，但是理论界同样认识到自愿供给在某些条件下也存在着“自愿失灵”的问题。因此，对于公共产品的供给主体如何选择以及各供给主体之间如何相互替代或弥补的问题研究就越发显得重要。

对于公共产品供给主体选择标准该如何取舍，科斯在私人产品供给领域提出了交易成本费用的概念，后继学者对其发表的理论进行了扩充研究，给公共产品的供给带来了非常大的便利。科斯在1937年发表的《企业的性质》（*The Nature of the Firm*）中首次提出了交易费用的概念，他认为市场化机制在私人产品的供给领域普遍存在，但是也存在着较高的交易费用，为了节约交易费用，可以用企业这样一种组织来代替市场化的这种“价格机制”，因此他认为交易费用是影响企业存在的最根本变量。科斯认为，企业在决定生产什么、生产多大的规模的时候往往会测算其交易费用，如果做一笔生意的交易费用远远大于交易所能带来的额外收益，那么这笔生意就不太可能会发生，企业到底生产多大的规模或是提供多大范围的产品则主要由内部交易的边际费用与市场交易的边际费用相等的那个点来决定。企业在选择生产多大的规模和多少种类的产品时必须考虑市场的成本和不同企业的组织成本。在考察公共产品供给的发展历程中我们不难发现，在某些公共产品的供给当中也存在着政府、市场以及第三部门三者之间的相互转化与替代，它们之间的这种变迁或替代其深层次的原因是什么？到底是什么变量或因素影响着它们之间的这种转化或变迁？本章将交易费用经济学理论引入对“残疾人体育服务”这一公共产品的供给问题研究之中，从交易成本费用的视角解释其供给主体如何选择将会实现帕累托效率的最优化，力求从理论层面以全新的视野分析供给主体选择的问题。

3.2.1　公共产品供给过程中的交易费用

交易费用理论认为，交易存在于社会的各个领域范围，康芒斯将“交易”概念划分为3种不同的类型：第一，买卖的交易，即平等人之间的交换关系；第二，管理的交易，即上下级之间的交换关系；第三，限额的交易，主要是指政府对社会个体的关系。[1] 这3种类型的交易几乎涵盖了社会生活中的每一个方面，因此在社会经济活动领域都不可避免地存在着交易费用。科斯在《企业的性质》一文中将交易费用定义为获得准确的市场信息所需要付出的费用或成本，以及谈判性费用和经常性契约的费用。威廉姆森则认为，交易费用可以划分为两大类型：一是事前的交易费用，即为签订契约条款、规定交易双方的权

〔1〕 康芒斯．制度经济学：上册［M］．于树生，译．北京：商务印书馆，1997：74－86.

利和义务所花费的费用；二是签订契约之后，为解决合同信息不全或者本身存在的问题，从变更条款到退出契约所需要花费的费用。威廉姆森认为，交易费用的存在取决于3个因素：受限制的理性思考、机会主义以及资产专用性。资产专用性，即人力资产或实物资产在何种程度上被锁定而投入一个特定的贸易关系，因而也就是何种程度上他们在可选择的经济领域中所具有的价值。[1]

本研究按照康芒斯对交易类型的分类，认为政府供给公共产品的活动同样可以归入交易活动中。首先，政府供给公共产品可以视为政府与纳税人之间的交易经济活动，纳税人通过缴纳税金或税费，政府通过征收税费来供给公共产品；其次，政府供给公共产品也可以看作下级政府与上级政府之间的交易活动，从这种意义上来讲，下级政府可以看作是上级政府的委托代理人，为本区域内的地方供给公共产品，满足地方上的公共需求。因此，我们也可以把政府供给公共产品的活动看作是一种交易活动，而这种交易也存在于政府经济社会活动中的各个领域和范畴。市场供给公共产品是私人供给商通过市场化的收费方式或者政府补贴的方式来进行市场交易的活动，也会产生一定的交易费用。公共产品自愿供给的过程是社会个体之间的交易，由捐助者慷慨捐赠货币或其他社会资源来提供公共产品的福利化行为，以获得心理满足感或者政府的税收减免与优惠等。在这一供给活动中，从供给的策划决策、募集资金、集体决策到过程中的激励约束机制建立都会产生交易费用。

根据交易费用理论，结合公共产品的供给活动过程，本研究认为供给过程中发生的交易费用主要包括以下几种。

（1）搜集信息的费用。供给提供者为了获取消费者对公共产品的需求、公共产品特性、公共产品供给所需成本、采用何种定价方式等信息所花费的成本。消费者为了获取供给者所提供公共产品的数量、质量、价格等信息而花费的成本。这些成本的产生可能是因为需要发

[1] 王国顺，周勇，汤捷．交易、治理与经济效率——O. E 威廉姆森交易成本经济学[M]．北京：中国经济出版社，2005：5－15.

生直接的做广告、搜寻客户、寻求市场信息等，或者供给方需要组织展览会、业务经贸洽谈会等间接经济活动的费用，还包括交易双方之间所进行的会务费、通信费、活动费等。

（2）谈判、签订合同或契约，规定权利双方主体的权利和责任的费用。有时候公共产品的供给需要考虑居民的消费偏好、各社会个体的价值取向，在各社会个体存在较大差异的情况下，供给需要考虑绝大多数个体的意见来决定供给方案，这必然带来较高的契约达成费用。而且这些公共产品的成本如何在政府之间进行分摊，需要各级政府之间的相互沟通与博弈，这也必然会带来较高的契约达成费用。市场供给公共产品时，厂商与消费者之间也会围绕公共产品的质量、数量和消费者享受这些公共产品所应该分担的费用等问题达成契约。在公共产品自愿供给中，捐赠者对于捐赠资金的用途、资金如何监控以及相互的激励协作问题需要与第三部门达成一致，这同样也需要花费较大的签约成本。

（3）履行契约收回成本的费用。由于社会中的每一个独立个体都倾向于享受公共产品带来的议价好处而不愿意承担其应有的费用水平，都存在“搭便车”的行为动机。为了避免这种行为的发生，并且最大可能地回收在公共产品上投入的费用和经济成本，必然也存在着较大的交易费用，于是就会出现现实中的“偷税”“逃税”等行为。

（4）监督供给者按所签订契约执行的费用。为了实现公共产品的有效供给，必须对供给主体进行监督和掌控。在公共产品政府供给机制当中，公民可以承担起监督政府职能的作用；在公共产品市场供给机制当中，消费者可以承担起监督供给主体的义务；在公共产品第三部门供给机制中，捐赠者或者政府可以承担起监督的责任和义务。不管是谁承担这个角色，都不可避免地会发生相应的监督费用。

（5）避免供给主体、消费者退出合同契约条款所发生的费用。

一般来说，政府、市场和第三部门都可以在一定的条件下成为公共产品的供给主体。由于政府的组成机构相对复杂，而且职能部门众多，因此，政府供给的复杂程度要相对较高，因而也会产生较高的交易费用。但对于市场和第三部门而言，如果供给某些公共产品如国防、海上航运、交通等这些产品，那么首先会造成融资环节大量的“搭便车”行为，即谁都希通过最少的投入而获得最大的产出，从而使得交易费用大大超过政府单独供给所发生的费用，因此，即使有时候市场和第三部门供给的供给环节要简单，产生的交易费用环节较少，但只要中间环节所产生的交易费用过大，即大于政府供给所产生的费用时，这种供给方式也不是最优的方式。因此，本研究认为在考察公共产品供给过程中一定要仔细分析每一个交易环节所产生的交易费用的大小，只有当交易费用最小时供给方案才是最优的。

3.2.2 模型解释

残疾人体育服务这一公共产品的市场交易存在着较大的交易费用，在某些情况下，不由市场供给而由政府代替供给可以节约交易费用，资源配置的方式也理所当然由价格分配方式转化为政府调节的税收分配方式，消除了“价格发现成本”，节约了交易成本费用。政府可以利用社会各种渠道的公共资源，按公共需要供给残疾人体育服务这一公共产品；但当供给数量超过一定规模时，政府活动的边际成本递增，因为政府在供给公共产品的过程中由于信息不对称、机会主义和资产专用性，其产生的交易费用也会大于其他供给主体产生的费用，此时如果其他供给方式因为采用分散决策、个人选择的方式无偿或部分无偿地供给残疾人体育服务公共产品，能够节约机会主义行为和资产专用性带来的交易费用，那么此种供给方式将取代政府的单独供给。同样，如果存在由于某一主体供给公共产品中所存在的交易费用超过其他两个主体同时供给公共产品的交易费用，那么就可能出现政府—市场、政府—第三部门或者市场—第三部门等可能的供给主体变迁。

从理论上来讲，残疾人体育服务这一公共产品的供给，当其供给的边际成本等于其边际效用时，此种供给方式是最优的。因此，如果公共产品的供给生产成本是常量既定的情况下，公共产品供给最优方式则取决于供给过程中发生的交易费用。以下本研究将试图通过数学模型来解释残疾人体育服务供给方式选择的标准问题。

本研究假定残疾人体育服务这一公共产品的生产成本是既定的，其最优供给方式的选择取决于公共产品供给过程中发生的交易费用，并假设：

（1）供给残疾人体育服务过程中发生的交易费用 tc 可以衡量且是产量 q 的函数：$tc = tc(q)$；

（2）不同的供给主体供给残疾人体育服务的生产成本 $pc = pc(q) = pq$；

（3）供给者的收益函数为 $r = r(q)$。

那么，我们有：$Max\prod = r(q) - pc(q) - tc(q)$，

帕累托最优的供给条件为：$mr(q) = mpc(q) + mtc(q)$，

因此，在交易费用为0的前提下，即 $tc(q) = 0$，此时帕累托最优的供给条件为 $mr(q) = mpc(q)$。

笔者假设残疾人体育服务供给主体的边界模型可以用图3－1表示。

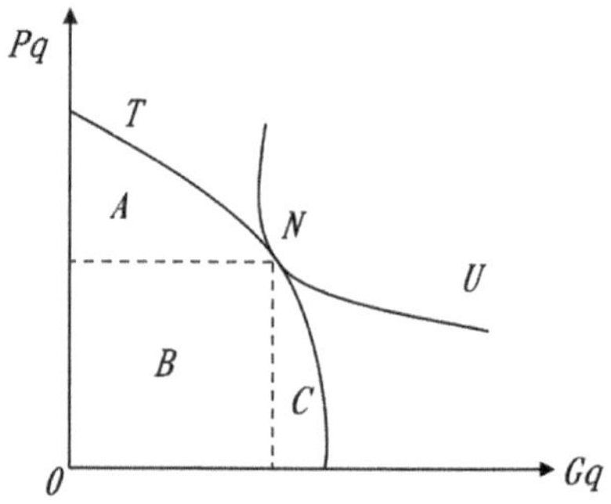

图3－1　残疾人体育服务供给主体的边界模型图

为方便分析，本研究假设残疾人体育服务供给主体有两种类型，分别为政府供给与非政府供给，它们两者各自供给的价格均相等；Gq 为政府部门供给残疾人体育服务的数量，Pq 为非政府部门供给残疾人体育服务的数量，曲线 T 表示残疾人体育服务的生产可能性曲线，曲线 U 表示残疾人群体消费这一公共产品的无差异曲线。为了实现帕累

托效率的最大化，那么必然有曲线 T 和曲线 U 在 N 点相切的情形出现，此时，残疾人群体选择的产品数量对应的边际替代率刚好等于生产供应者的产品转换率。

（1）如果残疾人体育服务供给过程中交易费用 =0，则有：

$$RTS=\frac{mpc\ (Gq)}{mpc\ (Pq)},\ RCS=\frac{p\ (Gq)}{p\ (Pq)}$$

因此，要实现帕累托效率最优，必须满足$\frac{mpc\ (Gq)}{mpc\ (Pq)}=\frac{p\ (Gq)}{p\ (Pq)}$，由于此种情况下，政府供给与非政府供给的残疾人体育服务价格相等，即$\frac{p\ (Gq)}{p\ (Pq)}=1$，所以：

$\frac{mpc\ (Gq)}{mpc\ (Pq)}=1$，从而推导出 $mpc\ (Gq)\ =mpc\ (Pq)$。

（2）如果残疾人体育服务供给过程中交易费用≠0，则有：

$$RTS=\frac{mpc\ (Gq)\ +mtc\ (Gq)}{mpc\ (Pq)\ +mtc\ (Pq)}$$

同样，由于此时政府供给与非政府供给的残疾人体育服务价格相等，即$\frac{p\ (Gq)}{p\ (Pq)}=1$，所以 $RTS=1$，从而推导出：

$$\frac{mpc\ (Gq)\ +mtc\ (Gq)}{mpc\ (Pq)\ +mtc\ (Pq)}=1$$

由于 $mpc\ (Gq)\ =mpc\ (Pq)$，即：$\frac{mpc\ (Gq)}{mpc\ (Pq)}=1$。因此，要使非政府与政府部门供给残疾人体育服务所发生的边际交易费用相等，必须满足$\frac{mtc\ (Gq)}{mtc\ (Pq)}=1$，方可实现帕累托效率的最大化。

（3）如果在无法满足（1）（2）两种情形的条件下，残疾人体育服务供给主体将会发生主体变迁，并最终调整至帕累托效率最优点。

如果初始供给曲线刚好处于相切点 N 以下，那么此时的曲线的曲率是大于 1 的，此时政府部门与非政府部门共同供给时会发生：

$$\frac{mpc\ (Gq)\ +mtc\ (Gq)}{mpc\ (Pq)\ +mtc\ (Pq)}>1,$$

从而可推导出：$mtc(Gq) > mtc(Pq)$。

也即此时政府提供残疾人体育服务的数量要大于非政府部门提供残疾人体育服务的数量，此时应当减少政府单方供给的数量，同时增加非政府部门供给的数量，最终调整至曲线的切点 N 处，实现帕累托效率的最大化。

反之，如果初始供给曲线刚好处于相切点 N 以上，那么此时的曲线的曲率是小于 1 的，此时政府部门与非政府部门共同供给时会发生：

$$\frac{mpc(Gq) + mtc(Gq)}{mpc(Pq) + mtc(Pq)} < 1,$$

从而可推导出：$mtc(Gq) < mtc(Pq)$。

也即此时政府提供残疾人体育服务的数量要小于非政府部门提供残疾人体育服务的数量，此时应当增加政府单方供给的数量，同时减少非政府部门供给的数量，最终调整至曲线的切点 N 处，实现帕累托效率的最大化。

如果初始的供给区域落在 A 区时，此时可以视为切点 N 以上的供给情形，即政府提供残疾人体育服务的数量要小于非政府部门提供残疾人体育服务的数量，此时应当增加政府单方供给的数量，同时减少非政府部门供给的数量，最终调整至曲线的切点 N 处，实现帕累托效率的最大化。

如果初始的供给区域落在 C 区时，此时可以视为切点 N 以下的供给情形，即政府提供残疾人体育服务的数量要大于非政府部门提供残疾人体育服务的数量，此时应当减少政府单方供给的数量，同时增加非政府部门供给的数量，最终调整至曲线的切点 N 处，实现帕累托效率的最大化。

如果初始的供给区域落在 B 区时，此时可以视为非政府供给的数量与政府供给的数量均达不到社会残疾人群体的合理化需求，应当同时增加两者供给主体的供给量，最终达到曲线的切点 N 处。

通过上述 3 种情况的综合分析，笔者认为判断残疾人体育服务这一公共产品的供给主体的选择可以将交易费用视为选择变量，即当不同的供给主体供给残疾人体育服务这一公共产品的边际成本相同时，交易费用可以作为选择供给主体的判断依据。当存在交易费用的前提下，只有当不同部门供给所发生的边际交易费用相等时，才能达到曲线的切点 N，此时才能最终实现帕累托效率最大化；当供给曲线偏离切点 N 时，此时只能通过调整各不同供给主体的供给数量，使各供给主体供给的残疾人体育服务的边际交易费用相等，即达到切点 N 处，此时方能再次实现帕累托效率的最大化。

3.3 残疾人体育服务供给主体变迁的双层次互动演化博弈模型

要顺利实现残疾人体育服务由低效率或高成本的主体供给到高效率或低成本的主体供给，实现帕累托效率的改善，必须扫除残疾人体育服务供给主体变迁中的阻力。因此本研究在论证残疾人体育服务供给主体如何选择之后，将着重探讨残疾人体育服务供给主体变迁的机理问题。只有正确认识、分析这一问题，并提出合理的政策建议，才能使残疾人体育服务供给主体的变迁少走弯路，才能真正找到一条适合中国国情的残疾人体育服务事业发展之路。

我们可以将残疾人体育服务供给过程视为两个层次的博弈，第一层次的博弈是指残疾人体育服务各供给主体之间的博弈，这一层面的博弈决定残疾人体育服务供给数量在各个供给主体之间的分配；第二层次的博弈为残疾人体育服务供给主体与残疾人群体之间的博弈，这一层次的博弈决定残疾人体育服务供给的质量。（图 3－2）

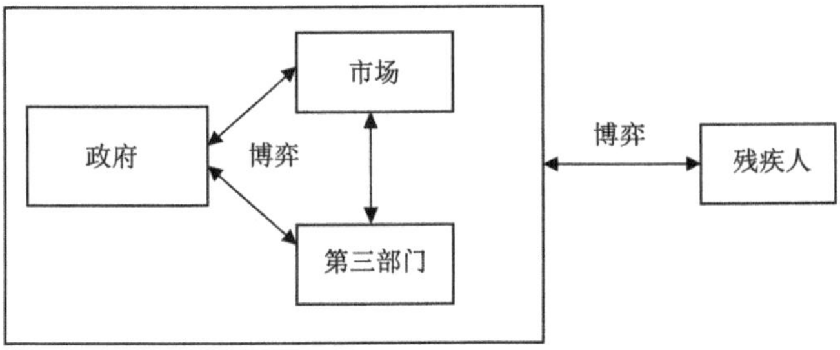

图 3－2 残疾人体育服务供给的双层次博弈

3.3.1 基本假设

（1）在博弈策略中，残疾人体育服务供给主体和残疾人都是有限理性的，并且他们对环境的认识能力是有限的。他们在博弈策略的选择中都追求自身收益的最大化和效用的最大化，并以成本—收益矩阵来决定自己的策略。

（2）政府在残疾人体育服务供给的博弈中采取效益最大化和风险最小化原则。本研究假定政府实现效益最大化满足以下两个约束条件：一是社会总产出的最大化，二是政府财政预算的最大化。政府风险最小化主要用残疾人群体对政府提供产品的满意度来表示。

政府在残疾人体育服务供给博弈中的策略可以表示为：$S_1 = max\, f$（x_1，x_2^* ♂，x_3^* ♂），并且 $x_1 \in X_1$。其中 S_1 为博弈的均衡结果，f（x_1，x_2，x_3）为 x_1，x_2 和 x_3 的博弈函数，x_1 为政府与市场、第三部门博弈中所采取的策略，X_1 为政府的策略集合。x_2^* ♂，x_3^* ♂分别为博弈均衡中市场和第三部门的某一具体策略。

政府的效用函数可表示为 U（x_1）$=U$（a，b，c），其中 a 为社会总产出的影响；b 为政府财政规模的影响；c 为残疾人群体对产品供给的满意度影响。

（3）市场在博弈中的选择主要追求自身利润的最大化，同时也考虑残疾人群体对公共产品供给的满意度。市场在博弈中的策略可表示为：$S_2 = max\, f$（x_2，x_1^* ♂，x_3^* ♂），并且 $x_2 \in X_2$。其中 S_2 为博弈的均衡结果，f（x_2，x_1，x_3）为 x_2，x_1 和 x_3 的博弈函数，x_2 为市场与政府、第三部门博弈中所采取的策略，X_2 为市场的策略集合。X_1^* ♂，x_3^* ♂分别为博弈均衡中政府和第三部门的某一具体策略。

市场的效用函数可表示为 U（x_2）$=U$（d，e），其中 d 为对自身利润的影响；e 为残疾人群体对产品供给的满意度影响。

（4）第三部门在博弈策略中的选择主要追求公益目标的最大化，同时需要兼顾残疾人对公共产品供给的满意程度。第三部门在博弈中的策略可表示为：$S_3 = max\, f$（x_3，x_1^* ♂，x_2^* ♂），并且 $x_3 \in X_3$。其中

S_3 为博弈的均衡结果，$f(x_3, x_1, x_2)$ 为 x_3，x_1 和 x_2 的博弈函数，x_3 为第三部门与政府、市场博弈中所采取的策略，X_3 为第三部门的策略集合。x_1^* ♂，x_2^* ♂分别为博弈均衡中政府和市场的某一具体策略。

第三部门的效用函数可表示为 $U(x_3) = U(f, g, h)$，其中 f 为对公益目标实现程度的影响，g 为对接受资金数量的影响，h 为残疾人群体对产品供给的满意度影响。

（5）残疾人作为残疾人体育服务的消费者和成本的最终承担者，他们在博弈策略的选择中追求价格的最小化和利益的最大化。

残疾人的效用函数可以表示为 $U(x_4) = U(i, j)$，其中 x_4 表示残疾人的博弈策略，i 为对公共产品价格的影响，j 为对获得公共产品利益的影响。

（6）各博弈主体的行为策略都综合考虑了其他主体在博弈中的行为策略。

3.3.2 模型构建

在第一层次博弈上，假设 x_1，x_2，x_3 分别为政府、市场和第三部门的博弈策略，X_1、X_2、X_3 分别为政府、市场和第三部门的策略集合，且 $x_1 \in X_1$、$x_2 \in X_2$、$x_3 \in X_3$。根据前面所作假设，政府、市场及第三部门都是追求其收益最大化的，即：

$P(x_1) = max\, f(x_1, x_2, x_3)$；$P(x_2) = max\, f(x_1, x_2, x_3)$；

$P(x_3) = max\, f(x_1, x_2, x_3)$；

由于在残疾人体育服务供给主体的选择过程中，某一特定的供给主体的博弈策略会受到其他两个供给主体策略的影响，因此，政府在选择博弈策略时是在市场和第三部门的博弈策略已知的情况下采取的，即：

$P(x_1) = max\, f[x_1(x_2, x_3), x_2^*$ ♂，x_3^* ♂$]$，$P(x_1)$ 为政府的策略选择收益。

同理，我们可以得出：

$P(x_2) = max\, f[x_1^*$ ♂，$x_2(x_1, x_3)$，x_3^* ♂$]$，$P(x_2)$ 为市场的

策略选择收益。

$P(x_3) = max\ f[x_1^*$♂, x_2^*♂, $x_3(x_1, x_2)]$，$P(x_3)$ 为第三部门的策略选择收益。

如果考虑到连续博弈的整个过程，在第一层次供给主体的博弈中，各主体在博弈中的策略选择可表示为：

政府：$P(x_1) = max\ f[x_1(x_2, x_3), x_2(x_1, x_3)^*, x_3(x_1, x_2)^*]$

市场：$P(x_2) = max\ f[x_1(x_2, x_3)^*, x_2(x_1, x_3), x_3(x_1, x_2)^*]$

第三部门：$P(x_3) = max\ f[x_1(x_2, x_3)^*, x_2(x_1, x_3)^*, x_3(x_1, x_2)]$

当政府预期残疾人体育服务供给主体变迁后的效用：

$U_e(x_1) = U_e(a, b, c) \geqslant U_o(a, b, c)$ 时，政府就会有进行供给主体变迁的动机，其中 $U_o(a, b, c)$ 表示政府在供给主体变迁之前的效用水平。

当市场预期残疾人体育服务供给主体变迁后的效用：

$U_e(x_2) = U_e(d, e) \geqslant U_o(d, e)$ 时，市场就会有进行供给主体变迁的动机，其中 $U_o(d, e)$ 表示市场在供给主体变迁之前的效用水平。

当第三部门预期残疾人体育服务供给主体变迁后的效用：

$U_e(x_3) = U_e(f, g, h) \geqslant U_o(f, g, h)$ 时，第三部门就会有进行供给主体变迁的动机，其中 $U_o(f, g, h)$ 表示第三部门在供给主体变迁之前的效用水平。

这样在宏观博弈层面，政府、市场和第三部门构成了一个互动的博弈模型。他们三者之间在进行互动博弈的同时，也在与消费者——残疾人群体进行重复博弈。

当残疾人群体认为自身承担的成本过多或者对供给的数量和质量不满意时，他们必然要求通过供给主体的变迁减少自身承担的成本或从供给中得到更多的收益。残疾人预期效用可以表示为：

$U_e(x_4)=U_e(i,j)$，并且残疾人的预期必须满足下列约束条件：

$U_e(x_4)=AK_ex_4\leqslant A(K_{i+1}-K_i)x_4$

其中：AK_ex_4 表示残疾人群体通过主体变迁而获得的预期收益，K_i 为主体变迁过程中第 i 个阶段的供给水平，$K_{i+1}-K_i$ 表示所允许的主体变迁的范围。于是我们有：

$U_e(x_4)=U_e(i,j)=Max\ U_e(x_4)=Max\ AK_ex_4$，且 $K_e\leqslant K_{i+1}-K_i$

在第二层次的博弈上，笔者假设各博弈主体的策略选择是连续的，则有：

$P(x_1)=max\,f[x_1(x_2,x_3,x_4),x_4]$

$P(x_2)=max\,f[x_2(x_1,x_3,x_4),x_4]$

$P(x_3)=max\,f[x_3(x_1,x_2,x_4),x_4]$

由于供给主体与残疾人之间的第二层次博弈和各供给主体之间的第一层次博弈同时进行，因此，第二层次的博弈结果会影响第一层次的博弈结果，这时第一层次和第二层次的博弈就成为一个动态的互动过程。考虑到这一影响因素，第二层次的博弈模型我们修正如下：

政府的博弈行为表达式：

$P(x_1)=max\,f[x_1(x_2,x_3,x_4),x_2(x_1,x_3,x_4)^*,x_3(x_1,x_2,x_4)^*]$

市场的博弈行为表达式：

$P(x_2)=max\,f[x_1(x_2,x_3,x_4)^*,x_2(x_1,x_3,x_4),x_3(x_1,x_2,x_4)^*]$

第三部门的博弈行为表达式：

$P(x_3)=max\,f[x_1(x_2,x_3,x_4)^*,x_2(x_1,x_3,x_4)^*,x_3(x_1,x_2,x_4)]$

本研究将第二层次博弈的结果代入第一层次，同时考虑到博弈中的关联性，则有：

$f_1(x_1,x_2,x_3)=f_1[x_1(x_2,x_3,x_4),x_2(x_1,x_3,x_4),x_3(x_1,x_2,x_4)]$，且这一博弈函数是连续的。我们可以假定存在某一策

略 n，使得：

f_1（x_1^n♁，x_2^n♁，x_3^n♁）$>f_1$（x_1^n♁，x_2，x_3^n♁）$=f_1$［x_1^n♁（x_2，x_3，x_4），x_2（x_1，x_3，x_4），x_3^n♁（x_1，x_2，x_4）］

如果此时策略 n 是四方各博弈主体都选择的策略，则此时的博弈处于一个演化稳定状态，系统将达到一个演化稳定均衡。因此，供给主体的变迁就是在供给主体之间和供给主体与残疾人之间的博弈中体现出来的。当第一层次博弈策略和第二层次博弈策略相对一致时，就会进入某一阶段的演化稳定均衡局面；当第二层次的博弈策略与第一层次的博弈策略不一致时，四方博弈就会继续进行直至达到稳定的均衡状态。

3.3.3 结 论

（1）残疾人体育服务供给主体变迁是政府、市场、第三部门和残疾人群体四者之间在两个层次上的博弈，所建立的双层次演化博弈模型可以反映 4 个博弈主体的策略选择，他们在选择使自身收益最大化的策略时都会受到其他主体策略选择的约束。当某一供给方案 n 能够同时满足四方所追求的收益最大化和效用最大化时，博弈就达到了演化稳定均衡。

（2）残疾人体育服务供给主体变迁的过程是强制性变迁与非强制性变迁共同存在的过程。在原有法律和制度框架允许的范围内，政府、市场和第三部门会在某一限度内对残疾人体育服务供给主体进行自发调整，这一变迁我们可以看作非强制性变迁；如果此时残疾人体育服务供给主体的变迁受到原有法律的制约，此时政府又是倾向于创新的，那么一些欧美发达国家的成功经验可以被借鉴，政府通过颁布强制性法律法规实现供给主体的变迁，即强制性变迁。

3.3.4 启 示

（1）当残疾人体育服务体制改革达到演化稳定均衡时，只能说明在这段时期内策略是占优的，但并不能保证其永远是占优的。随着社会的发展和进步，政府会制定一系列改革方案并在全国推广（强制性变迁），当残疾人体育服务各供给主体与残疾人群体都按照这一方案执行时，此时就会达到演化稳定均衡。当这一方案不能满足各供给主体与残疾人群体的需求时，市场和第三部门会结合自身实际情况提出新的改革方案，即非强制性变迁，并最终使整个博弈再次达到演化稳定状态。

（2）分析1949年以来残疾人体育服务发展历程，我国残疾人体育服务事业的发展是以强制性变迁为主导，以非强制性变迁为补充的变迁过程。残疾人体育服务体制改革方案的制定要同时考虑各个博弈主体的利益，割裂相互关系或忽略任何一方利益的改革方案都是行不通的。针对目前市场、第三部门和残疾人群体所处的“弱势”地位的现状，政府在改革方案的制定中应当更多地考虑他们的利益。

4　中国残疾人体育服务供给主体选择与变迁的制度经济学分析

4.1　中国残疾人体育服务的多元供给机制

4.1.1　残疾人体育服务的产品属性及分类

从经济学角度来讲，我们可以把一般的产品划分为公共产品与私人产品。所谓公共产品，萨缪尔森在 1954 年发表的文章中这样定义：每个人消费这种物品或劳务不会引起其他人对这种商品或劳务的减少。为了更加清晰地界定公共产品与私人产品，西方经济学家将萨缪尔森的定义加以扩展，认为公共产品应当具有两个属性，即非竞争性与非排他性。所谓非竞争性，是指消费者的增加不会引起生产成本的增加，即增加一个消费者所带来的社会边际成本为零，也即一定数量的公共产品按照边际成本为零的趋势为消费者提供公共产品。非排他性则是指公共产品提供的效益被一个人享用后不能够避免其他一些人同时也从这一公共产品的收益中获益。如果某一产品不完全具有这两种特征，则被称为“准公共产品”，如公园、电影院等。因此，明确界定残疾人体育服务的产品属性有利于笔者进行后续的分析与实证。

首先，残疾人体育服务在一定的数量范围内具有一定的非竞争性。从残疾人体育服务的消费者主体来看，残疾人体育服务对消费主体或者消费者的数量具有一定的限制。在这一数量范围内，消费主体的增加并不会引起残疾人体育服务生产成本的增加，也可以理解为增加一个消费者所带来的社会边际成本为零，但当超过这一临界数量时，增加一个残疾人体育服务的消费者就会发生“拥挤”现象，每一个消费者主体获得的收益将开始减少。因此，在一定的数量范围内，残疾人体育服务具有非竞争性，但是一旦超过这一临界数量，残疾人体育服务就具有一定的竞争性。

其次，残疾人体育服务具有一定的非排他性。《中华人民共和国残疾人保障法》（1990）第三十六条、第三十七条明确规定，国家和社会鼓励、帮助残疾人参加各种文化、体育、娱乐活动，努力满足残疾人精神文化生活的需要。残疾人文化、体育、娱乐活动应当面向基层，融于社会公共文化生活，适应各类残疾人的不同特点和需要，使残疾人广泛参加。《中华人民共和国体育法》（1995）第十六条也规定：“全社会应当关心、支持老年人、残疾人参加体育活动。各级人民政府应当采取措施，为老年人、残疾人参加体育活动提供方便。”第四十六条规定：“公共体育设施应当向社会开放，方便群众开展体育活动，对学生、老年人、残疾人实行优惠办法，提高体育设施的利用率。”《全民健身计划纲要》（1995）第十四条规定：“广泛开展残疾人体育健身活动，提高残疾人的身体素质和平等参与社会活动的能力。丰富残疾人体育健身方法，培养体育骨干，提高残疾人体育运动水平。”《2001—2010年体育改革与发展纲要》（2000）对今后十年体育运动的发展进行了详尽的阐述和规定。其中第十一条规定：“关注老年人、残疾人体育。老年人、残疾人是一个弱势群体，各类体育组织应当为他们参加体育活动提供帮助。新建体育场馆要照顾老年人、残疾人的特点。体育组织要为老年人、残疾人参加体育活动进行科学指导。”按照上述法律法规的规定，法律法规并没有将残疾人群体排除在体育活动范围外，凡是残疾人群体都有参加和享有体育活动的权利。因此，上述法律法规规定一个残疾人享受到体育活动带来的收益后不能排除其他一些残疾人从体育活动的供给中获得收益。

根据以上对于非竞争性和非排他性的分析，本研究认为残疾人体育属于典型的准公共产品，因此，对于残疾人体育服务供给主体选择及其变迁进行分析可以运用第三章中的理论分析框架进行分析。

4.1.2 残疾人体育服务的多元供给

4.1.2.1 政府供给

根据萨缪尔森关于公共产品的理论定义——公共产品是具有非竞争性和非排他性的物品，残疾人体育服务是同时具有非竞争性和较强非排他性的公共产品。首先，从公共产品的供给性质来看，政府应当承担起提供公共产品的职能。由于纯公共产品具有非竞争性和非排他性的特征，其需求和消费均由公共承担，如果完全市场化运作，个人消费公共产品的收益则很难去衡量，而且每个消费个体都愿意不花任何代价去享受，也即会出现“搭便车”的行为。因此，当纯公共产品的市场化供给出现失灵时，政府有义务承担起单独供给公共产品的义务，残疾人体育服务和此类情况类似。由于外部性产生的成本和收益并不涵盖在整个市场化的价格当中，因此，价格信号在残疾人体育服务的供给领域中不充分甚至被歪曲，依据这些价格做出的决策也不能完全充分反映被使用资源的真正价值。在残疾人体育服务产品的供给中，由于残疾人体育服务的外部性具有非排他性的特征，消费个体无法通过交易的方式把外溢效应进行内化，由此造成的市场交易成本太高，导致残疾人体育服务供给者从其经济行为中产生的私人成本和收益与社会成本和收益无法成正比，会出现残疾人体育服务供给不足，无法达到完全竞争市场所产生的帕累托最优，即残疾人体育服务供给的市场失灵。其次，从世界各国开展残疾人体育服务的实践来看，各国都把残疾人体育服务的供给列为重要的职能，残疾人体育服务的发展对国民素质的整体提高具有非常重要的意义。作为发展中国家的中国，要使我国经济社会实现跨越式发展，全民素质得以全面提高，政府有义务承担起供给残疾人体育服务的职能。

4.1.2.2 市场供给

通过前面分析，本研究发现残疾人体育服务虽然具有较强非排他性，但是残疾人体育服务在一定范围和条件下可以实现排他性。如果一种商品与劳务同时具有效用的不可分割性和消费的非竞争性，但在一定条件下可以排他，并且在排他性成本较低的条件下，这类商品或劳务可以通过市场化交易来实现。据《2011 年中国残疾人事业发展统计公报》数据显示，2011 年，全国残疾人职业培训基地达到 5254 个，其中残联兴办 2368 个、依托社会机构兴办 2886 个，29.9 万人次城镇残疾人接受了职业培训。组织省级残疾人群众体育健身活动 171 次，3.6 万人次参加；建设残疾人群众体育活动示范点 201 个，培训残疾人体育健身指导员 885 人，组织残疾人体育比赛 100 次，参赛运动员达 1.2 万人次；省级残疾人体育训练基地已达 220 个。组织地市级残疾人体育活动 3922 次，48.4 万人次参加；设立残疾人群众体育活动示范点 598 个，培训残疾人体育健身指导员 3265 人。

残疾人体育服务供给的政府失灵为市场进入提供了广泛的空间。公共选择理论对此进行了系统化的研究与分析，并发展出一套关于“政府失灵”的系统理论，对西方国家市场经济发展进程中政府与市场之间如何协调、如何分工进行了理论分析，认为政府失灵主要表现在公共政策决策失误、政府扩张、官僚机构的效率低下和政府腐败等方面。政府在供给残疾人体育的过程中也会出现政府失灵现象。20 世纪 80 年代后期，我国各地、市政府承担了残疾人体育服务的义务责任，残疾人体育服务开展的好坏成为本地区各级政府的工作计划之一，也是考核和评价各级政府工作业绩的重要评价指标。与其他工作目标一样，残疾人体育服务的推行与地方政府官员及工作人员的工作成果、权力范围、薪金福利及升迁机会直接相关，成为政府官员和各级部门发挥其工作职能的重要因素。在这种内在目标的驱动下，各级政府及其官员在推行残疾人体育服务活动的过程中，就难免从本地区利益和自身利益考虑，仅仅考虑个人政绩和本地区财政预算而将残疾人体育服务的开展目标偏离了其本该拥有的公平与公正，提高全民体育素质等公益性的目标，势必影响残疾人体育服务供给的社会需求和质量。

残疾人体育服务供给的排他性以及政府在供给过程中的失灵问题，这些都为市场成为残疾人体育的供给主体之一创造了有利条件。

4.1.2.3 第三部门供给

美国经济学家伯顿·韦斯布罗德在1974年首次提出政府和市场失灵理论。[1] 该理论认为，提供公共产品也可以由第三部门进行。市场失灵理论认为，由于公共产品具有不可分割性和非排他性，使得购买公共产品的个体无法避免其他人来使用这一公共产品，出现了大量的“搭便车”行为。因此，愿意承担成本来购买公共产品的个体就没有动力，这势必造成公共产品的缺失与匮乏。在这一条件下，公共产品无法通过市场机制来实现帕累托最优。另外，对于外部性很强的物品以及可能产生自然垄断的商品也不允许通过市场机制来进行供给。当市场出现失灵时，政府就有必要进行干预，但是由于社会群体对于公共产品的需求难以准确把握，政府在提供公共产品时往往倾向于满足最大多数群体的选择，而其他一部分群体对于公共产品的额外需求往往得不到恰当的满足，在这种情况下，第三部门可以成为公共产品的提供者，并为那些对公共产品需求较大的群体提供额外的帮助，为他们提供合适的公共产品数量。

当今世界各国的实践证明，第三部门已经或正在成为公共产品供给中的重要力量，其中残疾人体育服务的供给也是其发挥重要作用的一个领域。在我国的残疾人体育服务供给中，第三部门也发挥着不可替代的作用。《2011年中国残疾人事业发展统计公报》数据显示，残疾人事业专项彩票公益金助学项目为全国家庭经济困难的残疾儿童享受普惠性学前教育提供资助1.0万人次，各地也积极多渠道争取资金

---

[1] WEISBROD B. Toward Theory of the voluntary Nonprofit Sector in a Three - sector Economy [G] //E - phelpse, ed.. Altruism Morality and Economic Theory. New York: Russel Sage, 1974.

支持，对6627名残疾儿童给予学前教育资助。

第三部门供给残疾人体育可以在一定程度上解决政府供给残疾人体育经费不足和政府及市场失灵问题，在中国残疾人体育服务供给上发挥的空间还相当大，在某些情况下可以作为残疾人体育服务供给的主体之一发挥其独特的作用。但是，第三部门供给本身具有一定的局限性，比如资金来源的渠道和稳定性问题，在供给过程中也存在"自愿失灵"问题，因此，在残疾人体育服务供给的过程中不能完全过分依赖于第三部门。

4.1.3 残疾人体育服务供给活动的交易属性及交易费用

前文已经分析，残疾人体育属于准公共产品，按照第三章模型的分析，本研究认为政府、市场及第三部门供给主体在供给残疾人体育的实践活动中都可以划归为交易活动，均会产生一定的交易成本。

政府的职能不仅仅在于自身供给残疾人体育服务活动及产品，同时还应当监督市场供给主体、自愿供给主体供给残疾人体育服务的责任，因此，无论政府是否供给残疾人体育服务都有交易费用的产生。当残疾人体育服务供给规模较大时，政府拥有强大的法律体系可以减少搜寻信息时发生的费用，通过法律征税来提供公共产品，并且可以颁布法律法规等手段来减少在残疾人体育服务供给过程中发生的费用。但是，市场供给主体、自愿供给主体与残疾人群体在整个交易过程中是平等的主体，受到自身规模和体制的制约，当残疾人体育服务供给规模较小时可以更加清晰地获得残疾人群体的需求规模和数量，比较容易通过谈判签订契约，通过收费收回投入成本，并接受残疾人群体的监督。所以，在一定范围和条件下，市场供给主体和自愿供给主体在供给残疾人体育服务时可以节约一定的交易费用，当超过一定的供给规模时由政府来进行残疾人体育的供给则更加具有节约交易费用的优势。

4.2 中国残疾人体育服务供给主体选择

根据上文分析，不同的残疾人体育服务供给主体在供给残疾人体育的过程中都会或多或少产生交易费用，因此，可以运用公共产品供给主体选择的制度经济学分析框架来分析中国残疾人体育服务供给主体在政府、市场和自愿供给主体间的选择问题。

“交易费用”这一概念在理论学界的定义非常复杂，而且到目前为止，理论学界还没有非常准确地测量交易费用的方法或手段，在目前统计数据和统计学方法的测量下也是无法精确计算出来的，但是可以通过一些间接的方法对交易费用进行测算，在这方面不少理论学家进行了一些有益的尝试。Wallis 和 North（1986）通过对美国经济中1870—1970 交易部门的数据测度，将交易部门与转换部门所产生的交易费用总和作为交易费用的间接计量手段，间接测算了美国国家宏观社会经济活动中产生的交易费用。Stone 等比较了巴西和智利两国之间商业贸易往来的交易费用，认为与智利相比，巴西在国体和管理机制方面更加负责，而且社会文化较为封闭，内部结构复杂，因此测算出的交易费用要明显偏高。在我国，陈志昂利用我国人口学统计数据，对我国从业人员进行了划分和再定义，并假设在一定条件下，得出交易部门的从业人口占所有从业人口的比重，并以此来测算交易费用占国民总收入的比重。金玉国、张伟则认为，只要是发生在交易部门的费用都可以通过一定的手段进行测算，而且其数值大小应该与所有交易部分所耗费的社会资源相匹配，他们认为交易部门所消耗的人力、物力、财力等资源都可以用货币的形式来衡量，其测算结果作为交易费用额的大小，并且金玉国还利用国民经济中各行业增加值作为依据，计算出 1991—2002 年我国交易部门的交易费用占国民经济总比重。因此，本研究认为交易费用的测算不能仅仅包含交易部门所产生的附加值那一部分，而应当提出增加值中除交易费用之外的一些费用。本研究在进行交易成本数据分析时将借助缪仁炳、陈志昂等对交易费用的计算方法[1]，以此来对我国残疾人体育服务供给主体中产生的交易费用进行数据分析，从而从实证的角度分析中国残疾人体育服务供给主体的选择问题。

4.2.1 绝对交易费用的测算

本研究在查阅历年残疾人体育服务供给主体提供的经费数据时发现，市场供给主体和第三部门（公共产品自愿供给主体）提供的经费数据相当之少，从现有的统计年鉴和残疾人事业发展统计公报提供的数据来看，本研究很难对市场供给主体和自愿供给主体提供的数据进行分离独立分析，因此，只能按照国内学者通行的做法通过间接测算的方式对残疾人体育服务供给主体提供的经费进行分析，以此进一步来测算 3 个不同供给主体在供给残疾人体育过程中所发生的交易费用。

结合缪仁炳、陈志昂和金玉国对交易费用的测算方法，本研究认为政府部门供给残疾人体育发生的交易费用 = 政府部门供给残疾人体育的增加值 × 交易费用占增加值的比例（表 4 - 1），非政府部门供给残疾人体育发生的交易费用 = 非政府部门供给残疾人体育的增加值 × 交易费用占增加值的比例。因此，本研究认为可以通过这种间接的方式来测算出不同供给主体供给残疾人体育过程中所发生的交易费用。

表 4 - 1　2003—2010 年交易费用占增加值的比重

年份	交易费用（亿元）①	增加值（亿元）②	交易费用占增加值的比重（%）③ = ①/②
2003	3893. 2	74462. 6	5. 23
2004	3893. 1	78345. 1	4. 97
2005	4210. 7	82067. 4	5. 13
2006	4560. 0	89468. 2	5. 10

〔1〕 缪仁炳，陈志昂．中国交易费用测度与经济增长［J］．统计研究，2002（8）：14 - 21.

年份	交易费用（亿元）①	增加值（亿元）②	交易费用占增加值的比重（%）③=①/②
2007	5198.3	97314.5	5.34
2008	5926.2	105172.3	5.63
2009	6752.9	117390.3	5.76
2010	7701.8	136876.7	5.62

数据来源：缪仁炳、陈志昂，《中国交易费用测度与经济增长》［J］.《统计研究》2002 年第 8 期，第 14 - 21 页；《中国统计年鉴 2003》《中国统计年鉴 2010》，中国统计出版社，其中历年的交易费用计算依据交易费用年平均增长 0.14 的系数计算而来。

由于历年的《中国统计年鉴》及残疾人事业发展统计公报等并没有公布全部细分行业的增加值数据，也没有对残疾人体育经费的详细来源进行细分，因此，残疾人体育行业的增加值数据可以通过推算的方法，即残疾人体育业的增加值 = 残疾人体育、文化及教育业增加值 × 体育就业人员占本行业（残疾人体育、文化及教育业增加值）就业人员的比例。本研究将国有单位和城镇集体单位供给的残疾人体育作为政府部门供给的残疾人体育数据，同时以各政府部门单位和非政府部门单位残疾人体育就业人员占各政府部门单位和非政府部门单位体育就业人员的比例代替其增加值占各自供给体育业增加值的比重。因此，政府部门供给残疾人体育发生的交易费用 = 政府部门供给体育发生的交易费用 × 政府供给残疾人体育的各类型在职职工人数占政府部门供给体育的各类型在职职工人数的比重；非政府部门供给残疾人体育发生的交易费用 = 非政府部门供给体育发生的交易费用 × 非政府供给残疾人体育的各类型在职职工人数占非政府部门供给体育的各类型在职职工人数的比重。

根据表 4 - 1 数据，本研究可以通过以上公式计算出政府部门与非政府部门供给体育发生的交易费用，然后再以政府部门及非政府部门供给残疾人体育的交易费用乘以各自部门残疾人体育从业人员占各自部门体育从业人员的比例，进而计算出政府部门与非政府部门供给残疾人体育的交易费用，如表4－2所示。

表4－2　政府部门、非政府部门供给残疾体育发生的交易费用

年份	政府部门供给发生的交易费用（亿元）	非政府部门供给发生的交易费用（亿元）	残疾人体育从业人员比重（%）		交易费用（亿元）	
			（政府部门）	（非政府部门）	（政府部门）	（非政府部门）
①	②	③	④	⑤	⑥=②×④	⑦=③×⑤
2003	75.90	0.04	76.74	50.01	58.24	0.02
2004	83.98	0.05	77.93	50.00	65.44	0.03
2005	99.85	0.07	78.74	40.00	78.63	0.03
2006	113.09	0.15	79.24	63.16	89.61	0.09
2007	137.17	0.21	79.22	50.00	108.64	0.11
2008	161.12	0.54	78.48	51.06	126.44	0.28
2009	196.68	0.86	85.44	62.30	167.19	0.54
2010	273.13	2.16	85.04	48.21	232.27	1.04

资料来源：《中国统计年鉴2003》《中国统计年鉴2010》，中国统计出版社。交易费用的单位为亿元，增加值根据体育从业人员在体育、文化、教育从业人数中得占比计算得出。

本研究发现，2003—2010年政府部门与非政府部门供给残疾人体育的绝对交易费用额是不断增加的，并且非政府部门供给残疾人体育发生的交易费用由2003年的0.02亿元上升到2010年的1.04亿元；而政府部门供给残疾人体育的交易费用也显著增加，由2003年的58.24亿元增加到2010年的232.27亿元。从绝对费用的比较来看，政府部门供给残疾人体育的交易费用要远远高于非政府部门供给残疾人体育的交易费用。

4.2.2　边际交易费用测算

$$TC_g = C_0 + C_1 Q_g$$

$$TC_n = C_2 + C_3 Q_n$$

其中：Q_g 表示政府部门供给残疾人体育的数量，TC_g 表示政府部门供给残疾人体育过程中发生的交易费用，Q_n 表示非政府部门供给残疾人体育的数量，TC_n 表示非政府部门供给残疾人体育过程中发生的交易费用，C_0、C_1、C_2、C_3 均为常数项。

笔者分别对上述两式对 Q_g、Q_n 求导，可以得出：

$\frac{dTCg}{dQg} = C_1$；$\frac{dTCn}{dQn} = C_3$

由此，我们可以得出政府部门供给残疾人体育的边际交易费用为 $MC_g = C_1$，非政府部门供给残疾人体育发生的边际交易费用为 $MC_n = C_3$。

考虑到模型数据分析的便利性和可得性，本研究选取 2003—2010 这一时间区间内的数据作主要分析，详见表 4 - 2。此部分数据分别由《中国统计年鉴 2003》《中国统计年鉴 2010》的相关数据分析、统计得出，并通过普通最小二乘法对其进行计量分析。

计量回归：

对 $TC_g = C_0 + C_1 Q_g$ 进行回归后，得出：

$TC_g = -56.19 + 0.13\ Q_g$

（16.22）（0.01）

$R^2 = 0.966$　$\underline{R}^2 = 0.958$　$F = 165.52$

从回归分析的结果来看，R^2 值为 0.966，调整之后的 $\underline{R}^2$ 值为 0.958，该模型的拟合度较好。

对 $TC_n = C_2 + C_3 Q_n$ 进行回归后，得出：

$TC_n = -1.77 + 0.018 Q_n$

（0.838）（0.007）

$R^2 = 0.56$　$\underline{R}^2 = 0.48$　$F = 7.75$

从回归分析的结果来看，R^2 值为 0.56，调整之后的 $\underline{R}^2$ 值为 0.48，该模型的拟合度较好。

回归分析之后，得出 $MC_g = C_1 = 0.13$；$MC_n = C_3 = 0.018$。

因此：$MC_g > MC_n$

也即政府部门供给残疾人体育所发生的边际交易费用要远远高于

非政府部门供给残疾人体育所发生的边际交易费用。所以在我国，在一定的条件下将残疾人体育的供给由政府部门交给非政府部门供给可以在一定程度上节约交易费用，提高供给效率，实现社会的帕累托效率改善。

5 中美残疾人体育服务供给主体及其选择机制比较分析

5.1 中国残疾人体育服务供给主体分析

5.1.1 我国残疾人体育服务的供给主体

“体育管理体制是体育管理的机构设置、权限划分、运行机制等方面的体系和制度的总称，是实现体育目标的组织保证”。[1] 我国的残疾人体育管理体系从根本上来讲源于我国的体育制度，因此研究我国的残疾人体育服务供给主体有必要首先考察我国的体育管理体制的历史沿革和构成特点。

5.1.1.1 我国体育管理体制的形成历史和构成分析

(1) 我国体育管理体制的形成历史。

中华人民共和国成立后，由于西方等资本主义国家对我国采取敌视的态度，我国经济百废待兴，当时的中华人民共和国处于内外交困之中。为了尽快扭转这种被动局面，强化政府职能和权力，以充分实现政府对政治、经济和社会生活等各社会领域的控制，实现政府主动的历史局面在当时的社会历史条件下成为合理化条件，并且有利于集

---

〔1〕 孙克宜，秦椿林．试论体育管理体制与中国体育管理体制改革［J］．北京体育大学学报，1995，18（1）：6－13.

中各种资源在短时间内解决社会问题，实现社会快速发展。

在此背景下，国家体委于1952年正式挂牌成立。作为一个正部级的政府机构，其主要社会职能就是统一组织领导、监督管理全国的体育事业。随后各省、区、市、县在国家的审批许可下都相继成立了体育运动委员会，并逐渐形成了国家体委—省、区、市体委—县体委组成的科层制金字塔形的集权管理模式。经过多年的发展，逐渐呈现出高度集中的体育行政管理体制、专业化的训练竞赛体制、福利型的群众体育管理体制和行政直属型的科技教育体制等4个基本特征。[1]

(2) 我国体育管理体制的构成分析。

按照当前被学术界和官方认可的体育类别划分方式，体育管理体制也可以相应地划分为4个领域，分别是竞技体育管理体制、群众体育（社会体育）管理体制和学校体育（体育教育）管理体制以及行政管理体制，如图5-1。由此可以看出，我国的体育管理体制可大致分为两部分，学校体育由教育部门管理，而竞技体育和群众体育由体育部门管理，二者之间分工和分管部门非常明确，呈现出明显的二元管理主体结构特征。

5.1.1.2 我国残疾人体育管理体制的形成历史和构成分析

我国残疾人体育管理体制起源于健全人体育管理体制，由于残疾人体育具有残疾人事业和体育的双重特征和身份，因此与健全人体育管理体制相比较又呈现出不同的特点。

(1) 我国残疾人体育管理体制的形成历史。

改革开放以前，我国残疾人体育基本上处于无序管理和自发的组织状态。在组织管理上，国家一直没有成立专门的机构，也没有设置专职人员进行管理，只是将其作为群众体育的一部分，由国家体委群体司群体处直接管理。我国于1983年成立中国伤残人体育协会，全面

---

〔1〕 吕树庭，商执娜．北京奥运会后中国体育管理体制改革的思考［J］．武汉体育学院学报，2010，44（7）：9-15.

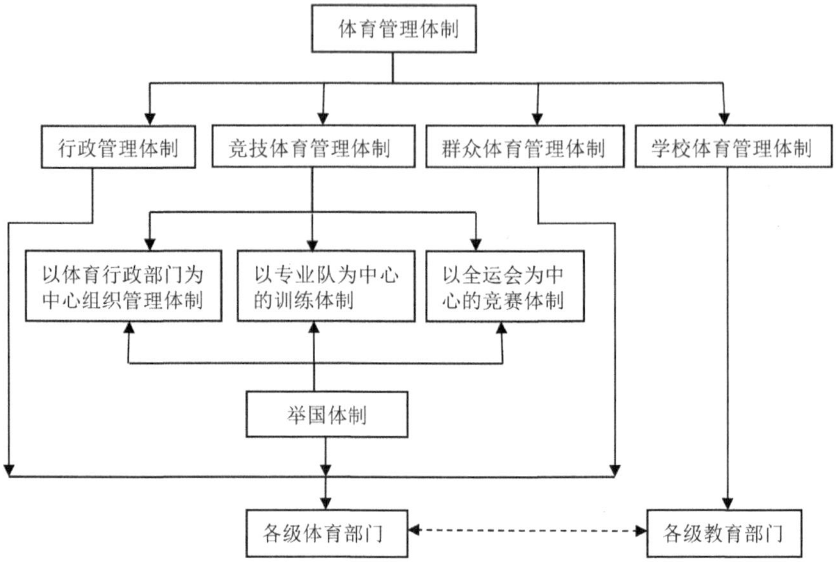

图 5－1　中国体育管理体制示意图

直接管理残疾人体育事业。1985 年、1986 年又分别成立了中国弱智人体育协会、中国聋人体育协会等全国性残疾人体育组织，但其常设办公机构仍设在国家体委群体司群体处。这一时期，中国残疾人体育协会并没能按其章程进行必要的组织建设，没有发挥其必要的社会功能，形同虚设。同时，也没有正式的专职机构和专业人员管理残疾人体育，只是由群体处兼管。为备战 1994 年在北京举办的远南运动会，1993 年中国残联成立体育处，作为管理全国残疾人体育的最高行政机关，全面管理全国的残疾人体育，同时将其设置为中国残疾人体育协会、中国聋人体育协会和中国弱智人体育协会的常设办事机构。2003 年，中国残疾人奥林匹克运动管理中心（2009 年更名为中国残疾人体育运动管理中心）成立。中国残疾人奥林匹克运动管理中心的成立是中国残疾人体育发展的里程碑和重要转折点，中国残疾人体育运动管理中心全面负责全国各级、各类残疾人体育的组织、监督和管理工作。在此基础上，各省市和县区也相继成立了残疾人联合会，并设立宣传文体部（处）来专门管理本地区的残疾人体育。至此，我国的残疾人体育管理体系已基本成型，由上而下逐步建立起来。

（2）我国残疾人体育管理体制的构成分析。

与健全人体育的管理体制相同，残疾人学校体育也由教育部门负责，而且我国的残疾人体育也实行高度集中的管理方式，中国残疾人联合会下属的中国残疾人体育运动管理中心是全国残疾人体育的最高管理单位。与健全人体育不同的是，健全人体育由体委（现名称为体育局）归口管理，而残疾人体育则由中国残疾人体育运动管理中心以及各省、区、市的残联宣文处进行管理。

各级体育局是我国健全人体育的官方管理部门，各级体育局行使自己的行政权力对各项体育事务垂直进行管理，体育局是我国行政管理体系中的正式官方单位。残疾人体育的最高政府管理机构是中国残疾人体育运动管理中心，它是国务院规定的有正式编制的机构，并隶属于中国残疾人联合会的事业单位。中国残疾人联合会本属于在民政部注册的人民团体（社会组织），但由于我国政府对民间组织的严格管理，中国残疾人联合会也被赋予一定的行政级别，成为一种有中国特色的“官办民间组织”，行使着一定的行政职权，对外便于交流，被视为一个民间组织，对内则是行使行政管理权力的官方组织。这种具有二重性的组织使得我国的残疾人体育管理机构具有两重特征。

从本质上看，我国的残疾人体育与健全人体育的管理体制几乎并没有什么不同，都实行集中管理，并且残疾人体育的举国体制特征更加明显。

5.1.2 我国残疾人体育教育制度

残疾人体育教育制度也叫残疾人学校体育制度，它是残疾人体育制度框架中的重要内容，并与我国的残疾人教育制度息息相关。从其制度内容上可分两个方面，即义务教育中的残疾人体育教育制度和高等院校体育师资培养的体育教育制度。

改革开放以来，为保障残疾人的合法权益，我国相继颁布了一系列关于残疾人接受教育的法律法规，已经初步形成以宪法为基础的较完整的法律体系。例如《中华人民共和国义务教育法》《中华人民共和国残疾人保障法》《残疾人教育条例》《中华人民共和国体育法》《学校体育工作条例》和《全民健身计划纲要》等法律法规，这些都是保障残疾人行使体育权利的相关规定。这些法律法规的颁布使得我国残疾人享有与健全人一样的接受教育的政策保障。

5.1.2.1 我国残疾人学校体育现状

《2020年残疾人事业发展统计公报》统计表明，2020年，全国共有特殊教育普通高中（部、班）104个，在校生10173人，其中聋生6034人、盲生1491人、其他2648人。残疾人中等职业学校（班）147个，在校生17877人，毕业生4281人，毕业生中1461人获得职业资格证书。全国有13551名残疾人被普通高等院校录取，2253名残疾人进入高等特殊教育学院学习。

教育部颁布的《特殊教育学校暂行规程》指出："特殊教育学校要贯彻国家教育方针，根据学生身心特点和需要实施教育"，要使残疾学生"掌握锻炼身体的基本方法，具有较好的个人卫生习惯，身体素质和健康水平得到提高……初步掌握补偿自身缺陷的基本方法，身心缺陷得到一定程度的康复。"《国务院办公厅转发国家教委等部门关于发展特殊教育若干意见的通知》中指出，我国的特殊教育事业虽然有了一定发展，"但由于种种原因，我国的特殊教育，特别是残疾少年儿童教育，已经成为普及初等教育最薄弱的环节"。国务院颁布的《残疾人教育条例》（1994）中规定，"各级人民政府应当加强对残疾人教育事业的领导，统筹规划和发展残疾人教育事业，逐步增加残疾人教育经费，改善办学条件"。

尽管我国政府对残疾人体育教育工作非常重视，残疾人体育教育事业也取得了较大的进展，但由于各种条件限制，我国的残疾人体育教育现状依然存在诸多问题。据一项对河北省特殊学校体育教育情况的调查研究表明，62.3%～85.1%的学校有专职体育教师，但是专业化程度低，没有特殊体育教育专业的体育教师中，学历大于中专体育教师占 83.0% ~97.0%，并以中级职称教师为主。体育教学方面，学校开课率为百分之百，每周两次课占 68.3% ~89.5%，教学内容主要是跳绳、游戏、乒乓球。虽然体育教学目标主要为功能缺陷补偿和康复、促进学生心理健康、提高身体素质，但由于场地器材匮乏，实施上存在一定问题。教学法也比较传统，主要沿袭普通学校体育教学法，教学组织形式较单一，体育课评价方式以教师评价为主，而且学校没有统一编写的特殊体育教材和教师用书。[1] 河北省的经济发展水平处于我国的中等水平，其特殊学校的体育现状具有较强的代表性，基本反映了我国特殊学校体育的现实状况。

直接进入普通学校学习和进入普通学校附设的特教班学习，这两种模式都极大地方便了残疾儿童就近入学，也有利于残疾儿童与健全儿童的融合、互动，但在实际生活中仍存在较多的问题，主要表现在：教师缺乏特殊体育教学的专业训练，不能做到有针对性和系统性的教学，业务能力有待提高；在教学内容和教学方法的选择上不够科学，缺乏判断和盲目性；普通学校经常以各种理由拒绝残疾儿童入读，给残疾儿童接受教育设置各种障碍。从官方统计数据来看，全国还有相当一部分的适龄残疾儿童尚没有接受义务教育，其权利没有得到国家应有的保障。

5.1.2.2 我国残疾人体育师资的培养体系

目前，应当接受义务教育的残疾适龄儿童群体巨大，这也必然要求提供众多的特殊教育体育师资。随着我国残疾人体育事业的发展以及我国各省市残疾人体育运动中心的相继建立，必须要培养大批的特殊体育教练员、特殊体育组织管理人员以及社会特殊体育指导员，如何加快特殊体育师资的培养已经成为我国特殊教育事业亟待解决的问题。目前，我国从事特殊教育的体育师资短缺，接受特殊教育体育专业培训的人数比例很低，而且达到本科以上学历的更是凤毛麟角。我

---

〔1〕 张梦娣．河北省特殊教育学校体育现状与对策研究［D］．石家庄：河北师范大学，2007.

国的残疾人体育师资的培养始于21世纪，并于2001年在天津体育学院率先设立了特殊体育教育专业，打开了我国培养残疾人体育师资的局面。经过多年的辛苦努力，我国已经初步建立培养特殊教育体育师资的机构体系。

我国特殊体育教育主要有5个方向：特殊教育体育教师、残疾人运动训练教练员、特殊体育管理人员、社区特殊体育指导员和特殊体育科研人员等。按照上述特殊教育体育师资的培养方向，结合我国基本国情，目前我国培养特殊教育体育师资主要通过以下两个途径：一是在普通高师院校体育教育专业中专门培养特殊教育体育师资（如南京师大特教专业、北师大特教专业等）；二是在高等体育学院设立特殊教育体育专业用以培养特殊教育体育师资（如天津体育学院、北京体育大学、上海体育学院、山东体育学院特教专业等）。

21世纪以来，我国的特殊体育教育人才的培养经过多年的发展已经初步形成规模，并且探索出一条残疾人体育人才的培养模式，但是在这些高等院校中的特殊体育教育专业的课程设计、师资、人才培养层次以及培养更高层次的残疾人体育专门人才方面还存在诸多问题，仍需要采取措施不断地进行提高和完善。

5.1.3　我国残疾人体育的训练和竞赛体系

我国残疾人竞技体育的重要组织形式和人才选拔主要通过残疾人体育的竞赛制度来完成。1992年，广州全国残运会顺利举办，全国残运会被正式列入了国务院大型运动会系列，并形成了每4年举办1次全国性残人运动会的体制。各省、区、市也围绕着4年1届的全国残运会定期举办本行政区域内的残疾人运动会，以优先选拔参加全国残运会的运动员，从而形成了类似全运会的残疾人竞赛体系。与此同时，国家还设立了各级、各类的残疾人体育单项比赛。

从1985年开始，中国残疾人体育协会、中国弱智人体育协会、中国聋人体育协会相继加入国际残疾人奥林匹克委员会、国际残疾人体育联合会等13个综合性国际残疾人体育组织和多个单项国际体育组织，并与一些国家和地区的残疾人体育组织取得联系，参加了残奥会、特奥会、“远南”运动会（现为亚洲残疾人运动会）和各类单项国际比赛。

至此，我国已经建立起各省、区、市残疾人运动会、全国残运会、全国特奥会、全国单项锦标赛、残奥会（亚残运会）、特奥会、国际单项锦标赛等较完整的竞赛体系，残疾人体育竞赛正逐渐制度化、规模化。

我国的残疾人运动员选拔主要是从社会和学校进行选拔，然后进行业余训练，待运动员的成绩达到一定的水准之后准予参赛。为了保障在重要赛事中取得优异的成绩，根据赛事的重要程度，在比赛前的数月甚至更长时间就开始进行集训，并且给予高负荷的精神强度。目前业余运动员的训练由于各种场地、资源等条件的限制，尤其是在基层和经济欠发达地区训练不系统、不专业，训练时间也无法得到充分的保障，往往只有高水平残疾人运动员才能得到系统化、专业化的训练。从这个意义上讲，我国的残疾人体育训练制度还有待进一步完善。

5.2 中国残疾人体育事业存在的问题

中华人民共和国成立以来，我国的残疾人体育从无到有，残疾人体育事业在国家的大力支持下取得了长足进步和举世瞩目的成就。尤其是改革开放以来，残疾人体育发展进入了快车道。我国的经济实力不断提高，为我国残疾人体育的快速发展提供了坚实的物质保障，随着我国国际地位的提高和国际交往的日趋频繁，良好的外部环境也为残疾人体育的发展创造了优异的条件。2007 年上海特奥会、2008 年北京残奥会以及 2010 年广州亚残运会的先后成功举办，极大地推动了残疾人体育事业的发展。虽然我国的残疾人体育事业在短时期内已经取得了巨大成就，但我们必须认真审视我国残疾人体育的发展历程，对我国残疾人体育的可持续发展以及存在的问题进行冷静、理性的思考，推动我国残疾人体育事业快速、健康发展。

5.2.1 我国残疾人体育的价值取向和发展理念

我国残疾人体育事业取得了辉煌成就，但同时我们也应当看到残疾人事业发展的艰难曲折，尤其是我国残疾人体育的价值取向和发展理念还存在一定的偏差。由于种种原因，我国的残疾人体育人文价值缺失。长期以来，我国残疾人体育一直过分强调残疾人体育的生物和社会功能，却对其原本的终极价值重视不够，即以人为本以及人和人类自身的自由、全面、均衡发展这一重要本质。

残疾人体育价值取向多强调体育运动对于残疾人群体的生物效果和社会功能，这种理念一方面仅仅将残疾人体育作为康复和增强体质的手段和主要工具，片面强调残疾人体育的生物学功能，把残疾人体育的强身健体功效误解为残疾人体育的本质属性；另一方面又放大了残疾人体育的社会功能。

近年来，我国的残疾人体育事业虽然取得了辉煌成绩，但是在其背后也隐藏着诸多令人忧虑的问题，残疾人体育的“异化”现象依然严重。例如，片面地追求运动成绩，兴奋剂问题，残疾人体育中的“金钱主义”“以大打小”“拔苗助长”等问题，甚至出现“残疾人体育后备人才匮乏”等议论。究其原因，我国的残疾人体育在历史长期的发展过程中人本导向不够，影响了我国残疾人体育的健康顺利和可持续发展。从这个意义上来讲，“以人为本”的人文价值理念对指导残疾人体育的健康发展显得尤为重要。

5.2.2 我国残疾人体育制度的制约

5.2.2.1 体育制度模式制约

长期以来，我国的体育制度主要受苏联模式的影响，残疾人体育的组织管理模式也沿用这样的管理模式，举国体制和以科层制为核心的组织结构和管理模式成为残疾人体育发展的主要形式，这确实对我国残疾人体育的快速发展起到了重要的推动作用。然而随着我国经济社会的快速发展，传统的组织结构和管理模式已不能适应新的环境形势的要求，越来越明显地表现出局限性。

毋庸置疑，残疾人体育管理机构和组织的设立对于我国的残疾人体育事业的快速发展起到了重大的积极作用。由于在管理上实行“举国体制”，政府功能最大化的发挥使得我国的残疾人体育竞技水平大幅提高，并在国际赛场上取得了令人瞩目的成绩。然而随着我国经济社会的快速发展，中国残疾人体育运动管理中心对残疾人体育资源的垄断以及对残疾人体育资源配置的不合理，已经开始制约我国残疾人体育全面、协调和可持续发展。

中国残疾人体育运动管理中心作为全国残疾人体育的管理机构，行政上隶属于中国残联的直接管理，业务上接受国家体育总局群体司的指导；在下位关系上，中国残疾人体育运动管理中心对各省、市、区残联宣文处（体育中心）、训练基地具有业务指导职能，而对残疾人体育则是直接领导和管理。[1] 目前，残疾人体育更偏重残疾人竞技体育，导致在资源配置上易将有限的残疾人体育资源高度集中在少数有实力并且有较多可能获取金牌的残疾人运动员身上，导致忽视甚至侵犯大多数残疾人的体育权利。

由于严格的条块划分，造成功能不一，使得中国残疾人体育运动管理中心只负责管理残疾人竞技运动，基本很少涉及残疾人群众体育，而残疾人体育教育归口于教育部门，难以做到全国残疾人体育“一盘棋”，很难对全国残疾人体育进行统筹安排和规划。

尽管我国涉及残疾人体育的法律法规制度体系已经初步建立起来，但是从现实的适用性考虑，我国残疾人体育相关法律法规制度仍然存在很多不健全的地方。一方面，我国现有的残疾人体育法律法规可操作性差，涉及残疾人体育权利的相关规定比较模糊，有些甚至缺乏应有的法律强制性，显得柔性有余、刚性不足。如我国的体育法中虽然涉及关于残疾人体育的相关内容较多，但是纵观整部法律，“应当”一

〔1〕 卢雁，韩松，李伟一. 我国残疾人体育管理组织结构之研究［J］. 北京体育大学学报，2004（12）：1698－1700.

词出现了数十次之多，而且对于违反法律规定的行为也没有相应的惩罚条款，其法律强制性、权威性和可操作性都没有体现。另一方面，残疾人体育的相关配套法律法规细则一直没有审批出台，残疾人的体育权利保障也就很难得到应有的保障。

5.2.2.2 体育经济地区发展不平衡

我国幅员辽阔，土地面积广大，由于历史、自然环境和地缘优势等原因，导致我国东部和中西部地区经济发展极不平衡。尽管我国先后出台了“西部大开发”“振兴东北老工业基地”以及“中部崛起”等一系列加快中西部经济发展的经济政策，试图从根本上缩小东西部的经济差距，但是这种巨大差距依然客观存在，而且在相当长的一段时间内还将继续存在。经济水平的差距必然导致中西部地区在基础设施、产业结构、经费投入、体育活动以及社会保障等诸多方面与东部地区存在差距。

残疾人体育作为福利和体育事业的有机组成部分，其发展主要依赖于财政投入和社会福利保障程度。而东西部的经济发展水平直接影响了残疾人体育的健康发展，主要表现在生活水平、认知水平、教育程度、无障碍设施和残疾人体育设施的完善程度等方面。据有关文献研究，上海市残疾人参与体育锻炼主要存在以下几种障碍。①自身障碍：生理障碍、心理障碍、经济障碍、文化程度障碍。②外部障碍：缺乏合适的锻炼场地；缺乏足够的健身体育项目；缺少专人指导、辅导书籍和咨询机构；残疾人健身运动促进计划不力；社会障碍。[1] 而甘肃省残疾人体育活动的制约因素主要表现在以下几方面：①自身因素；②经济因素；③社会因素；④情感因素；⑤受教育因素。[2] 从上述两个经济发展水平差别较大的省市残疾人参加体育锻炼的影响因素

---

〔1〕 张蓓，邵建民，陆志年，等. 上海市残疾人健身体育锻炼的现状调查与分析[J]. 上海体育学院学报，2005（5）：74－78.

〔2〕 高小爱. 甘肃省残疾人体育活动的制约因素与发展对策［J］. 体育学刊，2005，12（1）：49－52.

看，经济因素这个变量占据不同的权重，甘肃省残疾人参与体育锻炼的影响因素中，经济因素的影响权重占据第二位，仅次于自身因素的影响。同时，政府对于残疾人体育的财政投入和无障碍硬件设施的供应差别更为显著。

5.2.2.3 残疾人竞技体育与群众体育不平衡

根据《中国残疾人事业“十一五”发展纲要》与配套实施方案的规定，2006年年底前，各省、区、市应至少设置一处残疾人体育训练基地（中心），然而这些现代化的残疾人体育训练场地资源，更多的却是为少数在国内外赛场上可能争金夺银的残疾人精英运动员服务，政府对于残疾人体育的投入也倾向于配置给残疾人竞技体育，而对于残疾人群众体育的投入却非常少。这种“重竞体，轻群体”的做法与健全人体育的做法基本一致，都没有回归体育事业发展的本质。如果不真正做到以人为本，正确认识残疾人事业发展的本质目的，彻底改变残疾人体育工作的考核评估机制，这种残疾人体育资源配置不足与资源浪费并存的局面还将继续存在。

5.2.2.4 健全人体育与残疾人体育间的不平衡

近年来，国家每年拿出巨额的体育事业经费用于健全人体育事业的发展，而且经费呈逐年增加趋势。与健全人体育相比，国内大多数省市对于残疾人群众体育则没有专门的财政预算，例如，上海市对需要举行的残疾人健身体育活动或比赛由上海市残疾人联合会文体处临时调拨一些经费。[1] 作为我国经济发达地区的上海市尚且如此，其他省市的残疾人群众体育活动的经费支出可想而知。

目前我国的学校体育领域中，一些高等院校已经按照国家政策要求开设了特殊体育专业，但残疾人体育教育事业才刚刚兴起，目前正处于初级阶段，在专业人才培养、研究以及教学实践中还需要各部门

---

〔1〕 张蓓，邵建民，陆志年，等．上海市残疾人健身体育锻炼的现状调查与分析［J］．上海体育学院学报，2005（5）：74－78.

积极的探索和实践。

5.2.2.5 残疾人体育经费不足

我国的残疾人体育经费来源主要有3种途径：政府财政拨款、社会捐赠及市场化筹集。我国的残疾人体育经费从总量上来说非常少，并且经费的分配也不尽合理。

随着财政收入的增长，近年来我国用于发展残疾人体育事业的财政拨款呈现出逐年增长的趋势，但总额依然偏少，仍然较难满足社会大众的需求。2001年，我国成功申办北京奥运会以前，每年用于残疾人体育的拨款不足1000万元，不到全国体育经费的1%。为了备战2008年北京残奥会，政府对残疾人体育经费支持达到了2000万元，但经费基本用于残疾人运动员的专项训练。与全国8300万的残疾人基数相比，残疾人经费仍然显得非常不足。

目前，我国的社会慈善基金规模较小，相关法律法规在这方面尚未建立，慈善捐赠的款项管理的透明度和有效监管状况仍然没有健全与规范，对慈善机构的有效监管成为影响社会大众捐款热情的根本原因。

残疾人体育组织的自筹资金能力有限，社会赞助到目前还没有形成良好的社会氛围，有些赞助企业对残疾人体育的赞助并非出于真正的社会捐赠，带有明显的作秀和功利性质。

在我国残疾人体育经费总额不足的情况下，残疾人体育的经费基本上专款专用，主要服务于残疾人竞技运动。2007年，中国残联印发的《中国残疾人联合会专项彩票公益金管理办法体育项目实施细则》中明确规定了资金使用管理的有关政策，但目前国家还没有一项用于开展残疾人群众体育的规定。其他各省、市、区的残疾人群众体育也基本上无专门的经费预算。《中国残疾人事业“十一五”发展纲要》配套实施方案中关于《残疾人体育工作“十一五”实施方案》的经费政策特别强调中央经费用于国家残疾人运动队的培养、训练，参加国际体育赛事，而地方财政要逐步增加残疾人体育专项经费的投入。从整个实施方案看，该方案并没有明确规定残疾人群众体育经费的数额，也没有关于经费占财政收入的比例要求，并且明确指出经费的支出主要用于残疾人竞技体育。由此可以看出，残疾人群众体育的推进与实施难度之大。

5.2.2.6 无障碍环境建设亟待改善

(1) 人文环境。

进入21世纪以来，我国先后成功举办了一系列重大的残疾人国际体育赛事，如2007年的上海特奥会、2008年的北京残奥会以及2010年的广州亚残运会等。这些赛事的举办对于人们正确了解、认识残疾人和残疾人体育起到了重要的宣传、推动作用。从某种意义上来说，赛事的举办让绝大多数社会群体开始懂得尊重残疾人朋友，但是不可否认的是，社会上的歧视和偏见依然存在，试图通过举办一两次残疾人运动会来彻底改变和消除世人对于残疾人的各种偏见仍然显得不太现实。因此，社会各界必须在全社会形成以“平等、参与、自由”为核心内容的现代残疾人观，不断将残疾人体育观念回归最本真的意识。

(2) 社会环境（舆论宣传、人们对残疾人的帮助等）。

中华人民共和国成立以来，残疾人的公民权利和人格尊严开始得到政府和社会大众的承认和尊重。但是由于社会历史条件的制约，人们对于残疾人的认识主要是被同情和被照顾的对象，而他们平等参与社会的权利依然没有得到充分的重视。在这方面，媒体的正确导向起着非常重要的作用，通过社会舆论的宣传，可以营造正确的残疾人体育价值观，让人们重新认识残疾人体育的本质属性，让全体残疾人享有自由、平等、公平的社会生活环境。

(3) 出行环境。

便利的出行环境是残疾人朋友融入社会、融入生活的重要保障，它主要包括各种硬件设施，如盲道、适合残疾人的公共交通设施、残疾人专用车辆、残疾人专用停车位等。目前，我国的无障碍设施在北京、上海、广州等经济发达的大城市建设较好，主要是由于相继举办了一系列残疾人国际比赛，为基础设施的建设创造了较好的条件，但是残疾人体育设施的建造与发达国家相比仍然存在一定的差距，同时也应当规避出现无障碍设施“马太效应”（强者更强、弱者更弱）现象。特别是在二三线城市以及中西部地区和广大农村地区，无障碍设施的建设很不到位。

（4）锻炼环境（场地、器材等）。

我国残疾人体育专用场地建设不多，数量严重匮乏，只有少数城市的少数社区有残疾人体育的健身场地，残疾人体育健身主要局限在家里、空地、广场或马路边，其主要的健身方式是做操、散步、小范围运动等。截至2000年年底的统计数据表明，我国开辟或设立的省级和地市级残疾人体育活动场所分别为124处和595处。[1] 根据“十一五”规划的要求，在2006年前，各省、自治区、直辖市至少有一处残疾人体育综合活动场所，但这些条件、设备完善的场馆基本与残疾人需求不相一致。

残疾人体育专业指导人员近年来也呈现出严重不足的趋势，我国的残疾人体育指导员、教练员基本上由健全人体育从业者转行过来。近年来，我国的一些体育学院，如上海体育学院、天津体育学院、广州体育学院等设立了残疾人体育专业，但是对于残疾人体育的专业化教育程度尚有待提高，同时所培养的人才流失率较高。其主要原因是政策支持力度不够、各种配套措施较差、福利待遇较低。

残疾人体育的运动器材和辅助器具研发与生产也基本和社会需求相脱节，相对落后。目前，国内专门研发、生产残疾人体育运动器材和辅助器具（如假肢、矫形器、治疗和训练辅助器具、个人移动辅助器具等）的企业凤毛麟角，其产品技术含量和研发能力较低，基本没有核心技术，大多采用仿制甚至复制国外产品的方式进行规模化生产，很容易造成知识产权纠纷，同时生产的产品由于原材料等质量不合格因素的影响，显得笨重而且不符合人体工程学的标准。目前我国运动

---

〔1〕 张燕中．我国残疾人体育的发展［J］．体育文化导刊，2009（4）：20－22.

员参加国际比赛的装备、器材主要从国外进口，如残疾人移动辅助器具中的轮椅等。

5.3 美国残疾人体育服务供给主体分析

根据美国人口普查局的数据，2005 年美国各级各类残疾人数量为 5440 万，约占美国总人口的 19%。[1] 美国对于残疾的概念界定比较宽泛，除了传统意义上的残疾疾病之外，一些慢性疾病如糖尿病、严重的高血压、过度肥胖等也都被纳入残疾的范畴领域，甚至 600 度以上的近视也都属于残疾。

5.3.1 美国残疾人体育发展历程及现状

5.3.1.1 美国残疾人体育教育的发展

美国残疾人体育教育的发展同美国残疾人教育的发展是基本保持一致的，经历了隔离、回归主流、融合 3 个阶段。美国的特殊教育在第二次世界大战以后得到了长足的发展。1965 年通过的《初等和中等教育法案》在美国历史上具有非常重要的标志性意义，它不仅扩大了联邦控制教育的范围，还增加了残疾儿童的公平、平等的受教育机会。1970 年颁布的《障碍者教育法》确保了美国联邦政府为残疾儿童提供教育资金，使残疾儿童可以接受政府免费的适当的教育。1973 年出台的《康复法案》则为残疾人的自由提供了更加坚实的法律基础。自 1975 年后，美国特殊教育立法发展迅速，于 1975 年通过的《所有残疾儿童教育法》是美国关于残疾儿童教育最完整、最重要的法案。这个法案极大地促进了美国特殊教育事业的发展，并分别于 1986 年、1990 年、1997 年以及 2004 年进行了 4 次修订。美国特殊教育的立法影响了美国特殊教育的各项社会实践，具有深远的社会意义。

---

〔1〕 美国人口普查局官方网站［EB/OL］. http：//2010. census. gov/partners/toolkits/toolkits – disabled. php.

从“体育”这一专业诞生的最早年代开始，一直就有少数从事体育教育的教师，他们努力帮助残疾儿童，使其健康成长，提高其专业技能，但是由于社会历史原因，这些现象并没有得到学校的特别重视。

《民权法案》要求，体育应满足残疾人等特殊人群的需要。1971—1972 年，美国发生了两起诉讼案。这两起诉讼案引起了人们对残疾儿童以及社会公众对于残疾人群体公费教育自由权利的极大重视。一起是 1971 年宾夕法尼亚州低智公民协会的诉讼案。政府最终对这起诉讼案进行裁决，并规定所有的儿童，包括智能低下的儿童，都享有平等的受教育的权利。另一起是 1972 年米尔斯对哥伦比亚特区教育委员会的一场官司，这场官司引起政府高度重视，并进行最后裁决，要求所有的学龄儿童，无论智能低下的还是身体有残疾的、感觉有损伤或情绪紊乱的，都必须被接收进公立学校，给予适当的教育。美国国会从上述两起诉讼案中得到启示，1973 年通过了《康复法案》，要求对所有各类残疾儿童实施适合他们自身需要的公共教育，并要求他们的教育尽可能接近全体儿童的普通公共教育的水平。1975 年又通过了《所有残疾儿童教育法》。这个法案涉及所有残疾儿童的特殊体育，包括竞技运动，并且很快在全国各学校起到作用。

由于有了这些代表残疾儿童利益的特别法案，法律也逐渐健全。现在美国学校体育课程规划中都逐步将满足残疾人需要的特殊体育课包含进来，从小学、中学直至大学都设有此类课程。当前美国联邦政府的师范学校和体育系都把这种课程加进了培养体育师资的规划方案之中，全国各地也开始不断地创办这种专门学校。

5.3.1.2　美国残疾人体育竞赛的发展

现代残疾人体育在美国的发展历史时间并不算长，第二次世界大战以后，退役军人在美国残疾人体育的起源和发展当中占据非常重要地位。据考证，在 1946 年的加利福尼亚州和新英格兰地区的退役军人医院中就举办了轮椅篮球运动。1957 年美国成立了轮椅运动协会（NWAA），1960 年美国首次参加了在罗马举行的斯托克·曼德维尔运动会，即第一届残奥会。其后各种残疾人体育组织如雨后春笋般的建立起来，各种运动项目也相继出现。

近年来，美国在残疾人体育竞赛方面成绩非常优异，政府也非常重视，更重要的是，美国的残疾人社会群众体育也得到了整个社会群体的认可，并获得快速发展，残疾人参与体育锻炼的现象非常普遍。

5.3.1.3 美国残疾人体育的法律保障

美国残疾人体育的快速发展首先在于美国保障残疾人权利的立法政策与进程，自20世纪60年代中期至90年代初的二十余年时间，美国联邦政府出于对残疾人权利的保障，陆续出台了9部有关保障残疾人平等参与社会生活和活动的法律政策，在保障残疾人权利和自由的同时，也为残疾人体育的快速发展提供了法制化的保障。

5.3.2 美国残疾人体育制度模式

5.3.2.1 美国残疾人体育管理体制

美国社会主要通过各种社会体育组织来对残疾人体育事务进行直接管理，这是美国残疾人体育组织管理体制有异于其他体制的最典型特征，因此本研究称之为社会管理型体制。在这种体制背景下，管理权分散于各社会体育组织中，因此较为分权。政府对残疾人的体育发展事业不纳入政府部门规划管理，不设立专门的管理机构，对体育事务很少进行干预，政府主要通过社会机制，如运用法律、经济等手段，对残疾人体育组织进行监督与管理。

美国的残疾人体育组织种类、名目繁多，而且都分别隶属于不同的组织，各种残疾人体育组织代表着不同类别的残疾人体育群体。目前，美国残奥委员会的成员主要包括六大残疾人体育组织，而这六大组织中的某些机构由于社会的发展，已经历了内部结构、内部成员、名称等多次变化，其内部成员又下设多个小的残疾人体育组织。美国残奥委员会也于2000年成为美国奥委会的一个下设部门，每个残疾人体育组织在美国奥委会的统一领导下，组织上相对独立，并且都明确规定了自己的章程、发展规划、项目计划以及社区计划，内容十分丰富，并负责组织管理全国同类型的残疾人体育运动和竞赛。众多的机构和部门组成了一个全国性的、网络型的，包括各种各样的残疾人体育运动活动和组织网络。美国残疾人体育组织关系如图 5 -2 所示。

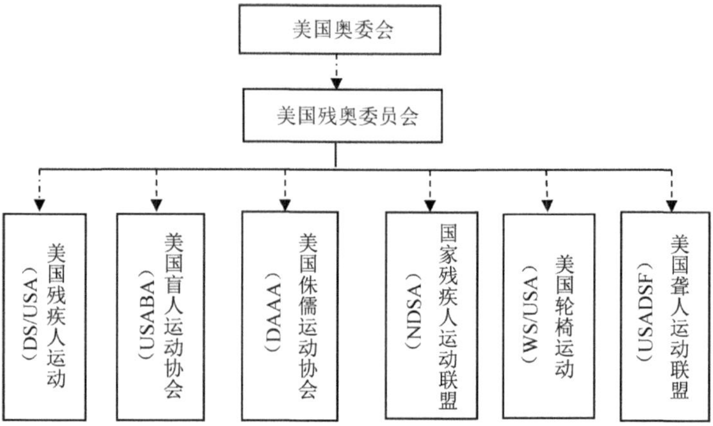

图 5 -2　美国残疾人体育组织关系示意图

注：虚线表示上下级关系比较松散，主要是业务指导和协调关系。

从美国残疾人体育组织关系示意图可以看出，表面上呈现出一种直线型的层级隶属组织关系，但事实上，以上六大残疾人体育社会组织与美国残奥委员会、美国奥委会这两个机构并不存在上下级隶属关系，它们之间的关系往往比较简单，是合作、协调、沟通以及服务的相互关系，各组织机构都相对独立、完整。它们之间通过互助协调、沟通，并充分共享残疾人体育的相关资源，自愿结合成一种松散的非正式组织结构体系。与美国的残疾人体育管理体制相比，中国的残疾人体育管理体制主要还是由政府主导，而美国这种松散式的管理体制则是在社会发展漫长过程中自发形成的。

不仅如此，美国还有为数众多的其他残疾人体育组织，如 1968 年成立的国际特奥会（SOI），它是一个国际性的专门针对智力障碍人士的残疾人体育组织，但目前还没有加入美国奥委会领导下的管理体系中。

美国的残疾人体育组织经历了充分的发展阶段，目前高度发达，社会化程度极高，美国政府在残疾人体育运动的管理中也大胆创新、充分下放权力，极大地调动社会组织的民间积极性，是“小政府”“大社会”的典型代表，在政府政策及法律的保障下，各残疾人体育组织健康有序运行。美国的残疾人体育运动保障了各种类型的残疾人充分享受公平、自由地参与体育活动的各项权利，而且极大地促进了政府的管理转型与创新。

5.3.2.2 美国残疾人体育教育制度

1967 年，美国 90 - 170 公法正式颁布施行，被认为是当代特殊体育师资培养的开端。该法在其第五款明确提出为特殊体育师资的培养和研究提供专项资金保障。从制度经济学的视角来看，美国的残疾人体育教育可以看作一种公共产品，保障其有效的供给是政府承担供给主体角色的重要责任。为充分保障美国残疾人权益，美国政府设立残疾人教育局（Bureau of Education for the Handicapped），主要在政策扶植、经费划拨以及各种法律和社会权益保障方面给予充分的支持。1975 年，美国政府通过《所有残疾儿童教育法》，其中明确规定，教育应该面向全体社会大众，以满足不同学生的特殊需要。美国现行的培养模式主要可以总结为以下几种。

（1）师资培养模式。

美国的残疾人体育师资培养从 20 世纪 60 年代的回归阶段开始发端。1969 年，美国残疾人教育局分别对 15 所高等院校各拨款 20000 美元，以资助他们对特殊体育教师的专业化培养，第一批的特殊体育教师也在这一阶段被培养出来。[1] 截至 2006 年，美国共开设特殊体育本科专业 33 个、硕士专业 42 个、博士专业 8 个（Cervantes et al.，

---

〔1〕 ZHANG J. Marketable features of the adapted physicaleducation career in higher education [J]. Adapted Physical Activity Quarterly，1999（16）：178 - 186.

2007）。

美国各州自治制度使得特殊体育教师的培养形式与学制各有区别。各个州的大学根据实际情况，主要招收四年制残疾人体育教育专业的大学生或者面向大学三年级及以上体育教育专业的学生专门开设特殊体育教育课程。他们有一个共同特点，那就是面向体育专业的所有学生开设特殊体育教育课程，当然有些州的培养形式根据实际情况也可以灵活调节，比如俄亥俄州立大学的特殊体育师资培养就是面向体育专业的学生开设有关特殊体育教育课程，同时规定了限制条件，要想获得特殊体育教育资格证书者，必须首先拥有幼儿园至12岁体育教育证书。[1] 而东俄勒冈大学则招收所有体育专业的学生作为特殊体育师资的基础力量。综上所述，美国特殊体育教师的培养学制主要是四年制专业培养，三年体育教育专业和一年特殊体育教育混合的形式。

（2）残疾儿童体育教育模式。

1817年，托马斯·霍普金斯·加劳德特在康涅狄格州的哈特福德镇创立名为“康涅狄格州教育与指导中心”的聋人寄宿机构，这是美国历史上第一所专门为残疾人开办的特殊学校，开启了美国残疾人接受学校正式教育的新纪元。至今，特殊教育学校仍然在美国特殊教育中发挥着至关重要的作用。与美国的残疾人教育阶段划分相一致，美国的残疾人教育实施主体也可以分为特殊学校、普通学校的特殊班和资源教室、普通学校的随班就读等几种形式。目前大部分的残疾儿童采取随班就读的形式，但美国仍旧保留一部分特殊学校，主要接纳不适于普通学校随班就读的残疾儿童接受教育。目前还没有情况表明普通学校可以完全代替特殊学校的教育。

20世纪70年代中期以来，美国相继颁布了一系列的法律制度来保障残疾人接受教育的平等权利。这些法律法规的完善使残疾儿童在法律上享有与健全儿童同样的平等受教育权利。从美国的残疾儿童教育

---

〔1〕 陈丹．中美特殊体育教师师资人才培养模式的研究［D］．武汉：武汉体育学院，2007.

发展历程探寻，残疾儿童的体育教育与残疾儿童教育两者同时并行，其形式主要有两种：普通学校随班就读接受体育教育和特殊学校体育教育。与我国的残疾儿童体育教育模式相比，两者之间差别不大，只是美国相关法制更加健全和完善，残疾儿童接受教育的权利更能得到政策保障。

（3）训练竞赛制度模式。

美国的残疾人体育训练和竞赛制度与美国的健全人体育体制相类似，没有设置综合性的全国残疾人体育运动会，而只有全国的单项锦标赛。残疾人群体的训练主要集中在社区的相关俱乐部，训练费用由残疾人自己承担，而教练员基本上是从有一定专业素养的志愿者中选拔而来。若参加诸如残奥会等大型比赛时，被选拔上的残疾人运动员还需要在赛前进行短期的集训。集训和参赛的费用则全部由相关残疾人体育组织和美国奥委会提供。美国校内和校际间的残疾人比赛非常普遍，早在 1948 年美国伊利诺伊大学的蒂姆·纽金特（Tim Nugent）创建了一个残疾人运动项目，后来逐渐发展成为美国轮椅篮球协会。伊利诺伊大学还在 1977 年主持举办了第一届全美大学生轮椅篮球锦标赛，共有来自全美的 16 支球队参加了比赛。明尼苏达州是第一个建立中学校际间残疾人体育竞赛项目的州，比赛地点设在明尼苏达高中联盟。

5.3.3 美国残疾人体育体制存在的问题

5.3.3.1 美国残疾人体育的异化

残疾人体育的竞技化趋势在世界范围内都存在，美国也不例外。由于残疾人体育的过度竞技化，导致其对经济的依赖性增强。美国是一个经济体高度发达的国家，市场化程度很高。残疾人体育的竞技化往往需要大量的资金扶持，而美国政府不会将此纳入政府预算，这就需要从市场上找解决问题的办法，特别是资金支持，通过满足和照顾赞助商和转播商的各种诉求来解决一定的资金短缺问题。受这种商业化思潮的影响，美国残疾人体育事业发展的独立性必然会受到外界因素的干扰，影响美国残疾人体育事业发展。

5.3.3.2 美国残疾人体育机构社会化

从上述文献分析可以看出，美国的残疾人体育管理体制可以视为社会型的管理模式，政府在残疾人体育管理中充当裁判员和服务者的角色。政府部门中没有设立专门的残疾人体育管理机构，在政府职能中也没有增加从事残疾人体育管理事业的编制，而是主要通过相关的法律法规来行使管理和监督的政府职能。美国残疾人体育的日常管理和组织主要依靠各种各样的社会化组织来自行运作，由于美国的各种残疾人体育组织种类繁多，名目繁杂，一些没有融合的、规模相对较小的残疾人体育组织在其发展过程中由于力量有限，政府支持也较少，往往难以表达自己所代表的残疾人群体的心声，自己的诉求也难以被回应，处于一种自生自灭的尴尬境况。

5.3.3.3 美国残疾人体育的经费不足

残疾人体育的相关场地、装备、器材、用品等由于广泛使用新技术、新材料，价格非常昂贵。美国联邦政府以及各州政府在财政预算编制中并没有将专门的残疾人体育的经费预算归口进来，因此，美国大部分的残疾人体育组织存在着经费短缺和紧张的问题。各级各类残疾人体育组织的活动经费主要来源于市场、企业、个人捐赠以及相关基金会的资助，一些规模相对较小的残疾人体育组织往往筹集活动资金和经费存在一定的难处，其体育活动经费主要依赖于下属会员缴纳的会费，因此小规模的体育组织在社会活动中较难持续发展。

5.4 中美残疾人体育服务供给主体及其选择机制的特点分析

从现有残疾人体育管理体制学术文献来看，体制管理类型划分依据残疾人体育领域中集体权利和利益以及各国政府在残疾人体育发展中职能发挥强度的大小，大体可分为政府管理型、社会管理型和结合型（也称为中间型）3种类型。中美两国分别是政府管理型和社会管理型的典型代表，本章试图分析影响制度模式变迁的变量和内外动力因素，利用制度变迁理论从制度的起点模式探寻制度变迁的方式和路径，以及中美两国残疾人体育制度模式变迁的方向和目标。

中美两国现行的残疾人体育服务供给主体是完全不同的，中国残疾人体制是政府管理型，而美国残疾人体制则是社会管理型。两种制度模式在诸多方面都存在较大的差异，通过对现有文献的梳理，具体差异如表5－1所示。

表5－1　中美两国残疾人体育管理体制比较

项目	中国残疾人体育管理体制	美国残疾人体育管理体制
制度模式	政府管理型	社会管理型
制度起源	政府安排	自然演化
制度历史	约30年	约70年
组织属性	事业单位、社会组织	社会组织
资金来源	财政拨款为主	社会捐赠
组织特征	集中	松散
人事关系	人事编制	聘任制
运行方式	行政机制	组织协调

5.4.1　体育管理组织形式

5.4.1.1　中国残疾人体育管理组织形式

中国的残疾人体育管理体制是由中国残疾人体育运动管理中心来进行统一管理的，而中国残疾人体育运动管理中心隶属于中国残疾人联合会。中国残疾人体育运动管理中心是由国务院批准设立的事业单位，其上级主管行政部门是中国残联，从实质上讲，中国残联是一个社会化组织；从逻辑上来看，一个社会化组织管理一个事业单位确实有些不合情理。但它是中国从计划经济向市场经济转型过渡时期的产物，是一个特殊社会转型过程中的表现形式，具有明显的官办特征。按照公共选择理论，政府作为特殊的利益集团，作为公共产品的主要供给者，明显也具有“经济人”的特点，也追求自身效用和收益的最大化。也就是说，出于自身最大化利益的追求，政府与真正的社会化组织和广大群众的利益在某种情况下可能并不完全一致。按照此种假定，政府在某些情况下并不能完全以社会组织和群众利益的角度看待问题，这种非一体化的群体利益体系很容易导致管理成本和社会成本的提高，进而导致交易费用上升，政府权力设租和寻租的动机依然存在。

受中国传统的科层制体制的影响，中国残疾人体育运动管理中心在行政管理上实行垂直型的分层分级管理，上下级的隶属关系非常明显。对残疾人体育实行集中管理，主导全国性的残疾人体育运动竞赛活动，亦管亦办，关系较为复杂。与此同时，中国残疾人体育运动管理中心同中国残疾人体育协会于2004年共同出资成立一家名为“灿奥”的经营残疾人器材、装备和辅助器具的公司，该公司主要生产残疾人体育所需的各类设备。这样，中国残疾人体育运动管理中心实质上身兼“官、民、商”3种角色于一体，此种体制的组织形式最终导致中国残疾人体育运动管理中心的权力极大，但对其权力又没有上级有效的监督，无法保障残疾人的合理权益。

5.4.1.2　美国残疾人体育管理组织形式

美国的残疾人体育管理组织是在法律的框架下，政府对残疾人体育组织进行监管，同时为残疾人体育的发展创造各种有利条件，并由各种残疾人体育组织进行自我管理、自我运营的组织形式。其主要的残疾人体育组织归口美国奥委会下的美国残奥委员会统一管理，他们之间的关系仅仅是一种协调、服务与合作的关系，而不是上下级的监管。在法律层面，它们是一种合同协议的契约关系，上下级之间隶属关系不明显，实行的是一种扁平化的松散式管理。各残疾人体育组织相对独立，此种组织形式可以确保各组织群体的主动性地位，保障各群体的有效利益，充分发挥各组织的主动性。但美国的残疾人体育组织机构十分繁杂，相当一部分残疾人体育组织并不在美国奥委会的管理范畴之类，政府对其采取自发式管理。

5.4.2 体育经费来源

我国残疾人体育经费来源主要有3种途径，包括政府的财政拨款、社会捐赠和其他方式。其中，残疾人体育经费主要来源于政府的财政拨款。

美国政府对于残疾人体育事业的管理则不须将此项开支列入财政预算，而是借助多种渠道的社会资金来发展残疾人体育事业，包括各种基金会、有社会责任感的公司、社会团体和个人等。由于历史原因，美国历来就有慈善的传统和社会氛围，而且各种慈善基金数目繁多，资金量充沛。在美国各项健全法律的保障下，各基金会有健全的管理机制和专业的管理运作团队，基金会理事会通过理财管理对基金进行投资使之不断增值，基金规模数量不断扩大，这就为残疾人体育资助打下了良好的资金基础。同时政府机构出台了各项政策，保障基金对每一笔资金的使用和流向都有专门机构进行严格的监控，对资金的赞助项目也会进行严格的审批及筛选，并对资金的使用效益和社会收益进行科学的量化评估。这样一套完善的监管体系使得受到资助的残疾人体育组织的资金来源规范，使用目的明确而且非常严谨，如在美国奥委会的官方网站上随时可以查询每年资金的使用明细和流向，并时刻接受相关基金会和社会群体的监督，并且政府也提供政策保障在资金使用上做到精打细算，实行精细化管理，保障基金会的正常、高效运作，进一步从政策上保持这种组织的生存持续性。而对于残疾人教育中的残疾人学校体育则是政府更加重要的职能之一，不但每年有专门的财政拨款，而且还专门成立残疾人教育局等政府机构来单独进行管理。

5.4.3 政府的责任

政府在残疾人体育的发展过程中应该发挥何种职能，起到何种作用，是制约残疾人体育发展的关键问题。从经济学的视角看，对于关乎残疾人公共健康与利益问题的残疾人体育（尤其是残疾人群众体育和学校体育），本质上属于一种准公共产品，在其生产和供给上，政府必须发挥其主导的地位和作用，同时由于残疾人体育主体的特殊性和专有性，残疾人体育不易产业化，也不能职业化。政府必须将其作为一项社会公益事业来进行引导和扶植，并鼓励和引导 NGO（非政府组织）、企业、个人或第三部门积极参与残疾人事业。

当前，我国各级政府在残疾人体育事业的发展过程中的角色定位大体表现为以下几个特征。一是政府包办体育，行政化一体管理，管办一体。二是政府垄断，一方面是对体育事业的财力资源、人才和物质资源的垄断和独有；另一方面是行政垄断，主要表现在竞技体育，包括职业体育比赛领域。三是政府对体育社会组织的垂直直接领导，限制了体育社会组织的发展和崛起，绝大部分的体育社会组织几乎都在政府行政部门的掌控之中，社会组织根本无法真正独立发挥作用。当前体育体制的改革必须依托整个社会政治、经济、文化等领域改革的社会大环境，紧随政府职能转变的发展趋势，打破体育系统内部长期形成的公共资源垄断格局，使目前中国体育事业发展中的问题通过进一步加快体制创新获得有效解决。[1]

政府应该在政策制定、监督管理及资源配置方面发挥其特有的作用，切实转变政府职能，避免出现政府在权力行使与分配过程中的"越位"和"缺位"并存的局面，同时政府应充分下放放权，充分发挥社会组织的民间本质属性，在政府的有效监督、协调下，真正实行管办分离，充分发挥其独特作用。

美国政府在残疾人体育事业的管理中，基本充当一个"协调者"

---

〔1〕 谭建湘，胡小明，谭华，等．"十二五"我国体育事业改革和发展研究［J］．体育学刊，2011（4）：3.

的角色，政府既不设立专门的部门来管理，也不拨放专门的经费预算来支持。政府做的仅仅是为残疾人体育的发展提供软硬条件，如出台相应的法律、政策来支持和保护残疾人体育事业的发展，在公共社区修建并提供相应的场地、器材，也就是政府提供残疾人体育发展所必需的公共产品，而残疾人体育的具体事务（如训练、竞赛、组织管理、培训、经费筹措等）则交由社会组织（如各种残疾人体育协会、奥委会、残疾人体育俱乐部、基金会等）统一控制和管理。

5.5 中美残疾人体育服务供给主体选择的理论解释

5.5.1 残疾人体育服务供给主体的分型

5.5.1.1 政府管理型

政府管理型体制主要是由政府主导并设立专门的机构管理体育的各项事业。政府以行政方式进行从宏观到微观及各个层次的全面管理和控制。政府管理型体制有利于集中有限的资源尽快实现体育领域中某些既定预期目标，但不利于调动全社会各阶层积极因素共同兴办体育事业，有时也会抑制社会组织的支持与参与，进而会抑制体育事业的全面发展。政府管理型体制主要在苏联、东欧各国、古巴、朝鲜等国使用。中国的残疾人体育体制也是典型的政府管理型体制。

5.5.1.2 社会管理型（分权型）

社会管理型体制由各种社会体育组织直接进行管理，政府对体育的发展一般不设立专门的管理机构进行控制，对体育事务很少介入和干预，即使在介入和干预时，也通常运用市场化管理机制，采用法律和经济手段间接调控。在多数采用社会管理型体制的国家中，管理权力较为分散，主要分散于各社会体育组织之中。美国的体育管理体制是典型的社会管理型体制。

在一部分采用社会管理型体制的国家中，政府通常会指定一两个社会体育组织行使体育管理权力。在这种情况下，体育管理权限相对集中，行政控制较为独立，行使权力的组织虽然带有半官方的性质，但本质上仍是独立的社会团体，并且具有法人资格，如日本的财团法人、日本体育协会、新加坡的体育理事会、西班牙的最高体育理事会等。

由于社会管理型残疾人体育没有政府的统一规划与目标，带有一定的盲目性和自发性，可能会导致大量的资源被配置到优势不大或者奖牌密度不高的项目上去，因此大众化体育往往会得到较为全面的发展。

5.5.1.3 结合型（中间型）

结合型体制是由政府和社会体育组织共同参与管理体育的管理体制。这也是目前绝大多数国家施行的管理体制，在这种管理体制中，政府分工明确，将决策与执行分离，政府的职能主要是“掌舵”，并不参与具体的体育事务。具体来说，政府的侧重点在政策法规与体育发展战略规划的制定与实施、体育进行过程中的协调与控制、体育场地设施的运营维护与服务、不同体育组织之间的沟通协调与联络。体育的事务性工作，如赛事日程管理、专业人员的培养与发展、体育活动的组织与策划、体育产业的拓展与开发等则完全由体育社团承担，形成了一个分工合理、各尽所能的高效率的一体化管理体制。世界大多数国家采用这种管理体制，如英国、德国、法国、韩国和加拿大等国家。结合型体制一方面有利于充分发展政府的主导作用，另一方面也有利于鼓励社会各界对于体育事业的支持和参与，但在权限划分和利益分配方面存在着一定的问题。

事实上，由于结合型是一个大体处于中间过渡状态的类型，结合型之中有的体制偏重政府管理型，有的偏重社会管理型，不同体制间存在着较大的差异。值得注意的是，目前在体育管理体制中存在着一种由两极向中间集中发展的趋势。一些过去采用政府管理型体制的国家，如东欧各国、中国等，开始逐渐鼓励社会组织与政府共同参与管理体育事业。而一些以往采用社会管理型体制的国家，政府则逐渐深入体育事务，并设立了体育管理机构，从纵向控制和管理体育事业，从而使其管理体制演化为结合型体制。

结合型体制克服了社会管理型体制发展的盲目性，强化了政府管理型体制的高效率，与政府管理型体制相比，提高了管理透明度和协调力度，有效地避免了科层官僚主义，大大节约政府部门内的管理成本。

综上所述，现今各国残疾人体育制度都是由于复杂的历史进程演化而来，它们之间并没有绝对孰优孰劣之分，也无形式上选择的严格界限，不同的只是发展制度的组织形式选择问题。

5.5.2　中美残疾人体育服务供给主体变迁的动力与阻力机制分析

5.5.2.1　非强制性变迁的动力与阻力机制

非强制性变迁也称自发性（诱致性）变迁，是指由于事物外部环境的改变从而导致事物内部进行主动调整并主动适应外界环境的自发性制度变迁，即外因作用于内因并由内用主动变革适应外因的变迁模式。

（1）动力机制。

由于经济、社会人文的变革，残疾人体育事业的发展呈现出新的趋势和特点。随着广大残疾人生活水平的显著提高，社会福利保障体系逐步完善，社会残疾人观发生了显著改变，残疾人体育的价值观念、需求等都在发生历史性的变化，原有的制度模式表现出明显的缺点，因此必须进行相应的变革以适应新的社会发展要求，这一变革就成为制度自发变迁的外部动力。残疾人体育的发展要与整个社会步调的发展相协调，在社会发展这个背景之下，残疾人体育的制度模式也必须进行相应的调整。

（2）阻力机制。

这种机制的主要表现在于，当一种制度形成以后，这种制度会有一定的延续性，从而在此基础上会形成一个或多个利益团体，这些利益团体会极力维护现状以保护自己的既有利益，并且对旧制度产生强烈的路径依赖，因而会对制度变迁产生强烈的抵触和反感。这种制度变迁路径中的依赖形成以后，制度完善就显得比较匮乏了。

在制度变迁的过程中，体制的变化可能引起管理者身份的转换。同时，原有体制下所取的成就也会成为抵触者反对新制度的主要缘由，在某些条件下，尽管新体制对社会发展更有效率，但也会受到抵触和排斥。

5.5.2.2 强制性变迁的动力与阻力机制

强制性变迁主要指政府通过法律法规和行政命令的形式来推动制度改革和变迁，是迫于外界政府行政压力而进行的被动变迁。

（1）动力机制。

政府通过行政命令以及相关的法律法规对现存制度体系进行变革。例如，政府推行的人事制度改革、政府行政职能改革、政府行政权力的重新调配和分配等。这些大的改革必然要求下设行政系统必须进行相应的变革，这些小的行政系统迫于外界政府行政压力被动无条件地进行。

（2）阻力机制。

这种情况是指政府在推行新的制度时，有可能因为前期理论调研准备不充分，制度设计不完善、不科学，从而使得在新制度的制定和实施过程中遇到较大阻力，甚至难以实施。

5.6 中美残疾人体育服务供给主体比较的启示

本研究通过对中美两国体育管理体制的历史特征、社会背景、残疾人群体诉求等方面的梳理，认为可以结合现阶段我国发展的阶段和特点，借鉴美国残疾人体育管理体制的优点，以此来完善我国残疾人体育管理体制改革的路径和方向。

在本研究第三章、第四章通过数学模型和计量实证方法论证了体育服务由政府单一主体供给转化为政府、市场、第三部门多元主体供给可以提高帕累托效率，改善社会福利，这种多元供给模式其实质是一种中间过渡型供给体制，在现阶段对于我国残疾人体育管理体制发展路径的选择具有重要的政策指导意义。

6　中国残疾人体育服务供给的发展趋势和面临挑战

6.1　中国残疾人体育服务供给的发展趋势

6.1.1　融合运动

融合运动（unified sport）理念于20世纪80年代兴起于美国，是由特奥运动员（智障人士）与非智障人士（融合伙伴）组成一个团队，共同进行训练和竞技的计划。[1] 当前融合运动已经不仅仅局限于特奥运动员和非智障人士之间的合作与配合，而是广泛体现在残疾人体育运动的方方面面。

6.1.1.1　残疾人体育组织的融合

残疾人体育运动的发展，有效促进了残疾人体育组织的建立和运营。我国的残疾人体育组织经过创立、发展和融合，目前也包括三大体育组织，分别是：

（1）中国残奥委员会，于1983年（原名为中国伤残人体育协会，1991年更名为中国残疾人体育协会）成立，它是为截肢者、脑瘫患者、脊髓损伤者和视力残疾人设立的体育组织。中国残疾人体育协会是由

〔1〕朱君，金春吉，齐立斌．融合运动对中国特奥运动发展的促进作用［C］//第二届全国残疾人体育科学大会论文集，2007：152－156.

各省、自治区、直辖市及计划单列市肢体残疾人群体、视力残疾人体育组织自愿组成的非营利性群众体育社会团体，接受中国残疾人联合会、国家体育总局、民政部的业务指导和控制协调。

（2）中国聋人体育协会（现对外称为中国聋人奥林匹克委员会，简称中国聋奥会），是由各省、自治区、直辖市及计划单列市聋人体育组织自愿组成的非营利性群众体育社会团体，接受中国残疾人联合会、国家体育总局、民政部的业务指导和控制管理，是中国残疾人体育组织的重要组成部分。中国聋人体育协会于 1986 年 12 月 10 日在北京成立，它是在中华全国体育总会领导下的群众性体育组织。中国聋人体育协会成立后不久就加入了国际聋人体育联合会。

（3）中国特奥会（2004 年以前称中国弱智人体育协会），成立于 1985 年，它是专门为智商在 70 以下的智力残疾人设立的体育组织。中国弱智人体育协会是由各省、自治区、直辖市以及计划单列市弱智人体育组织自愿组成的非营利性群众体育社会团体，接受中国残疾人联合会、国家体育总局、民政部的业务安排和监督管理。其组织成员由会员代表大会选举产生，成员分别来自中国残疾人联合会、国家体育总局、民政部、教育部等相关部门。

纵观我国的残疾人体育组织发展历程，笔者发现为数众多的残疾人体育组织已经或正在走向融合。

6.1.1.2 残疾人体育与教育的融合

体育与教育的关系以及体育的教育作用是学术界研究较多的一个问题，残疾人体育对于残疾人教育具有独特的作用和价值，这是一个值得认真研究的问题。残疾人体育与教育的融合是体育发展历程中新的趋势。

早期残疾儿童的特殊教育采取隔离自主学习的方式进行。隔离的教育模式和封闭模式下残疾人之间会相互模仿和影响，对精神残疾的人来说是一种不健康的伙伴关系，再加上医护人员的冷漠态度和素质较低，不利于残疾人的迅速康复。因此，美国学者提出了让残疾人回归社会发展的理论，呼吁使残疾人从封闭的状态解放出来，参与到社会生活之中，回归主流社会。20 世纪 60 年代，国际社会以推进残疾人全面参与社会活动作为主要的工作计划。70 年代，美国政府意识到残疾人人权自由与机会平等的重要性。美国颁布了《智力障碍儿童教育法》《残疾人教育法》《残疾人康复法》等法规，保障残疾人的自由权利。80 年代，联合国将 1983—1992 年确定为“残疾人 10 年”，通过了《关于残疾人的世界行动纲领》。1993 年，通过了《残疾人机会均等标准规则》。这些法律法规都有明确的条款对残疾人的体育参与权利作出规定，为残疾人体育蓬勃发展奠定了坚实的法律基础。20 世纪下半叶，国际社会倡导全纳教育（又称融合教育）。这种全新的特殊教育理念对残疾人的体育发展也产生了深远的影响，基于个人的（体育）教育项目在各类全纳教育学校出现，学校致力于完全消除残疾人体育参与社会活动的限制，使残疾人能够与健全人一样共享体育自由的人身权利。同时，人们也日益意识到残疾人参与体育的康复功能和作用——增强身体机制、超越生理缺陷、开发自我潜能，在这种大环境下，残疾人体育事业得到了蓬勃健康的发展。

6.1.2 休闲化趋势

按照马斯洛的需求理论，人们在满足了物质上的基本需求以后，就会追求更高一层次的精神需求，追求体育休闲也就成为人们生活的物质层次上更高的追求了，而马斯洛的需求理论也从理论上证明了这一点。他认为，人首先必须满足生存发展的需求，然后是个体发展的需求，最后是精神享受的需求。

美国大约在 1920 年人均 GDP 达到 3000 美元[1]，我国也于 2008 年达到了 3000 美元。从经济学的角度而言，人均 GDP 达到 3000 美元是社会发展的一个重要的转折点，同时也是我国步入小康社会指标中的重要参考标准。随着生产效率的提高，人们的余暇越来越多，人们

〔1〕 丁文静，朱喜钢. 人均 GDP 3000 美元时期的城市发展研究——国际比较及对长江三角洲的启示［J］. 规划研究，2006，30（10）：36 - 42.

休闲、娱乐的需求有较大的增加，体育作为休闲娱乐的重要载体形式之一，也呈现出休闲化的趋势。

6.1.3　社区化趋势

由于身体障碍所造成的行动不便使得社区成为大部分残疾人群体参与体育运动的重要场所。因此，社区的残疾人体育设施是否完备、社区是否配备有专业的残疾人体育指导员将成为残疾人参与体育热情的重要影响变量。

6.1.4　竞技化趋势

随着残疾人奥运会以及其他残疾人国际性运动会影响力的不断扩大和媒体的广泛关注，残疾人体育追求“更快、更高、更强”以及不断挑战自我的精神，这种价值观正在被世人所接受。尽管有学者认为残疾人体育应属于社会体育的范畴，残疾人体育应提倡“参加比取胜更重要”。[1] 然而受社会经济、政治、人文、历史以及奥林匹克运动精神的影响，残疾人体育追求更高水平的成绩、更高水平的竞技，日益竞技化已是不争的事实。尽管在学术界残疾人体育是否该发展高水平竞技的争论还将长期存在，甚至会愈演愈烈，但其竞技化的趋势也越来越明显。

6.1.5　老龄化趋势

人口老龄化在学术界主要有两个方面的含义：一是指老年人口数量相对增加，在总人口中所占比例不断增加；二是指社会人口结构日趋老年状态，进入老龄化社会。国际上通常看法是，当一个国家或地区 60 岁以上老年人口占人口总数的 10%，或 65 岁以上老年人口占人口总数的 7%，即意味着这个国家或区域的人口处于老龄化阶段。根据我国 2006 年第二次全国残疾人抽样调查数据显示，我国 60 岁及以上的

〔1〕 熊斗寅. 参加比取胜更重要——试论残疾人体育与残奥会［J］. 体育与科学，2004，25（6）：5－8，39.

残疾人人口为4416万人，占残疾人口的53.24%（65岁及以上的人口为3755万人，占45.26%）。[1] 由于老年残疾人在残疾人群体中占据比例很大，因此残疾人体育的发展也呈现出老龄化的新特点和趋势。从宏观方面看，由于老年残疾人增多，残疾人体育竞技需求将呈下降趋势，与此同时，残疾人健身、康复、休闲娱乐的体育需求也将进一步上升。因此，根据残疾人年龄结构趋势适时调整本国的残疾人体育政策将是我国面临的一项新课题。

6.2 中国残疾人体育服务供给面临的挑战

世界残疾人体育事业发展到现在取得了巨大的成就，但是与健全人体育事业一样，残疾人体育事业的发展也同样面临着诸多的问题和挑战。这些问题主要包括包容与融合问题、残疾人运动的分级问题、伦理问题、兴奋剂问题、营销问题、青年体育事业发展问题、残疾人体育与媒体等。

6.2.1 残疾人体育的异化

残疾人体育的异化，不仅在国内，而且在当今世界各国都普遍存在，但是受各国残疾人体育发展的理念和价值观、社会政治制度和经济发展水平等的影响，各国残疾人体育异化现象又呈现出不同的特点。主要表现为过分追求运动成绩、残疾人运动员服用兴奋剂现象、残疾人体育舆论宣传的导向等。

6.2.1.1 过度竞技化

残疾人体育的过度竞技化，是当今世界各国面临的共同问题。学术界关于此类问题的关注焦点在于残疾人体育竞技是否应该追求“更快、更高、更强”，残疾人体育是否应该过分追求金牌的绝对数量和更

---

〔1〕 中国残疾人联合会官方网站［EB/OL］. http：//www. cdpf. org. cn/sytj/content/2007 - 11/21/content_ 30316035_ 2. htm.

优异的比赛成绩，残疾人体育是否应该被赋予过多的政治目的和企图。

一旦竞技运动中的金牌及其带来的金钱、荣誉、物质享受等外在因素与竞技运动参与者捆绑在一起时，竞技运动参与者的主体——运动员就与马戏团中的动物一样受缚于人了。因为体育的主体性受到了劣等的对待，其外在价值完全不同于内在价值，体育仅仅是一种获取利益的工具，它逐渐异化为支配人的异己力量，成为一种面目狰狞的“怪兽”。我们应在残疾人体育中重视运动参与者的主体需求，至少要确保体育事业的内在价值与外在价值保持一致，如此才能回归体育的本体属性，也就是其本质特征。

从残疾人体育的发展理念看，残疾人体育的功能主要被两种基本的价值取向所影响，一是残疾人体育的本体价值，另一种是残疾人体育的工具价值。残疾人体育的本体价值是指残疾人体育对于残疾人身心发展过程中的需要给予一定满足，而残疾人体育的工具价值是指残疾人体育运动中，一个国家、某一社会群体或成员考虑到残疾人身心发展需要以外的目的（也就是本体价值以外的目的），而对残疾人体育所施加的影响和控制。界定两种价值取向对残疾人体育的影响，将直接决定着残疾人体育发展的方向和目标。从管理体制和运行机制层面来讲，这两种价值取向也将直接影响残疾人体育发展模式是选择侧重“残疾人群众体育”还是“残疾人竞技体育”。由于社会残疾人体育资源有限，因此在界定基本残疾人体育制度框架时必须重点考虑选择何种残疾人体育发展模式，其模式的选择可以表明这个社会在残疾人体育事业发展问题上的取向，它决定着残疾人群体体育权利的保障方式。

本研究认为残疾人体育事业的发展首先应注重其本体价值的作用，并兼顾其工具价值属性。但残疾人体育的工具价值属性不应被过分凸显和宣扬，否则残疾人体育的异化或偏离将变得更加严重。社会媒体在残疾人体育的宣传过程中必须把握好正确的宣传导向和价值取向，担负起应有的社会责任。

6.2.1.2 兴奋剂问题

如上所述，当残疾人体育成为残疾人获得社会认可的渠道时，残疾人体育往往会被其外在力量所控制，残疾人体育中的某些利益群体就会以个体需求利益最大化为原则，采取违背公平自由竞争精神和人道主义精神的卑劣手段以获取残疾人优异的比赛成绩。兴奋剂问题往往就会成为困扰残疾人体育的主要工具。

为了控制兴奋剂在残疾人体育领域的泛滥和延续，国际残奥委会（IPC）专门成立了医学与反兴奋剂委员会，并制定反兴奋剂条例和法律规定。1986 年，在瑞典的哥德堡举行的世界残疾人游泳和射箭锦标赛中，首次进行了 100 例的兴奋剂检测，其中发现有 4 例呈阳性；在 2000 年悉尼残奥会赛前进行的 128 例检测中发现有 9 例呈阳性，比赛期间还有 2 例。由此可见，残疾人体育的反兴奋剂问题将是异常艰巨和长期的问题。

6.2.2 残疾人体育的伦理问题

伦理问题是阻碍残疾人体育事业发展的另一个重要问题。2000 年悉尼残奥会结束之后，一名来自西班牙的运动员参加了智力受损运动员的比赛，事后证明其并没有智力问题，这个事件最终导致弱智人士被限制在残奥会之外。另外一起事件发生于 1992 年巴塞罗那残奥会，美国男子轮椅篮球队的运动员戴维·凯利（David Kiley）因服用了一种被大赛禁止使用的止痛药物，通过药物检测呈阳性，因此全队的金牌被没收。残疾人运动员因身体问题可能本身需要服用或注射某种药物，但这种药物却可能是大赛禁止使用的药物，运动员的选择就比较艰难了。随着残疾人体育的竞争愈演愈烈，成绩优异的残疾人运动员，知名度一旦提高，便会引起赞助商的高度关注。于是各种广告代言接踵而来，在给商家带来显著商业利益的同时，运动员也可能做出为取得优异成绩而服用违禁药物的行为。在伦敦奥运会男子 400 米比赛中，来自南非的运动员奥斯卡·皮斯托瑞斯引起了所有人的关注：他是第一位参加健全人奥运会田径项目的残疾人。他的参赛一方面反映了残疾人体育与健全人体育的融合；另一方面也引起了新的伦理问题的争论，美国科学家研究表明：皮斯托瑞斯使用的“L”型小腿假肢，在跑步时可以比健全人节省20%的能量，这等于是在外力的帮助下进行比赛，对于健全人而言是不公平的。但是，皮斯托瑞斯的参赛本身就是经过长期的争取并最终得到国际体育仲裁法庭的允许才得以成行的。对于上述困扰残疾人体育的伦理问题，美国学者惠勒提出描述残疾人体育领域道德状态的伦理相对主义概念（Wheeler，2001）。

6.2.3 残疾人体育的分级问题

分级的目的是使残疾人运动员获得公平公正的比赛环境，因此分级就成为各国政府必须界定的标准。由于残疾种类繁多，分级的标准就成为一个难题，如果单纯按照残疾人类型和残疾程度的医学模式类型划分，则整个比赛的组织很难开展，如仅仅是男子百米的比赛就会产生数十个冠军。因此，有学者提出根据运动能力进行分级界定，但是运动能力的标准也比较难以界定。

6.3 中国残疾人体育服务供给发展模式的探求

我国的改革开放已经经历了40多年的历史，40多年来，我国经济实力明显提高，社会财富显著增加，我国社会经济结构也进行了广泛的调整，国家综合国力显著增强，人民生活水平不断提高，广大群众对经济文化生活的需求日益增加，而我国的残疾人体育管理体制和发展模式已经明显不能适应市场化经济的特殊要求，因此进行深刻的变革在所难免。

世界上并不存在一种适合所有国家的残疾人体育发展模式，因为每个国家的国情都不相同，脱离本国国情而讨论哪种制度模式更加优越和先进是没有任何意义的。因此，本研究认为必须深刻剖析我国国情，结合我国实际发展情况，探求适合我国国情的残疾人体育服务供给发展道路和模式才是现实的最佳选择。

6.3.1 残疾人体育服务供给的理念创新与以人为本

残疾人体育的发展首先要解决为谁发展的问题，从残疾人体育发展的最终目的和动机上来看，残疾人既是发展的主体又是发展的最终目的。因此，残疾人体育的发展归根到底是为了残疾人自身的全面、自由、健康、和谐发展，也就是残疾人体育的发展要以人为本。

以人为本中的“人”，从理论上来讲包括体育活动的组织管理者、参与者和具体实践者。但由于具体实践者也是体育活动的主体，因此，以人为本中的“人”在此主要含义是体育活动中的具体实践者。

残疾人作为残疾人体育的具体实践者，长期以来其主体地位没有被足够重视。在人与物的关系上，现实的做法往往是以“物”为出发点和原则。计划经济时期，只有国民经济发展计划，即物的计划。改革开放后在社会上很长一段时间内都存在着“唯 GDP 论”。20 世纪 80 年代中期，我们才逐渐重视人和物，有了国民经济与社会发展计划“三步走”战略，这些方面既有经济的、物的，也有生活的、人的。每一项政策的制定无不关系到以人发展为理念。在今天我国更加强调“以人为本”，这对人和社会的全面发展，尤其是残疾人群体的健康发展有着至关重要的现实意义，有助于从根本上克服对人和物的依赖现象。

“以人为本”，时时刻刻考虑最广大人民群众的根本利益，并把这一理念作为思考问题和解决问题的出发点和原则，才能从根本上保障人民群众的根本利益。人民群众既有共同的整体利益也有不同的群体利益，当然还有个体成员的具体要求；他们既有长远的根本利益，也有当前的现实利益。如何对待不同时期各社会阶层的群体和成员是一个社会发展问题，这就要求我们一方面要多考虑人民群众的整体利益，充分保障广大人民群众利益的实现，另一方面在强调整体利益的同时还要兼顾各方各阶层的具体利益诉求。要充分反映和兼顾不同的群体利益需求，妥善协调好各层面的利益关系，并且要关心每个人的具体利益要求，关注人的价值、权利和自由，满足人们的自由发展需求和多样性的具体要求。

以人为本的理念，直接来源于马克思主义关于人的全面发展经典理论，其基本原理在于人民是历史发展的主体和主要推动历史前进的根本力量。它既有中华文明历史的深厚基础，又体现了时代进步发展的要求。用以人为本的科学发展观理念指导和进行残疾人体育的发展和实践，就是残疾人体育发展的根本出发点和落脚点，这是为了全体残疾人群体的发展，进而逐步实现整个人类自身的全面发展。

6.3.2 残疾人体育服务供给发展的外部环境营造

6.3.2.1 人文环境的塑造

人文环境可以定义为一定社会系统内外文化变量的集合，文化变量包括社会共同群体的态度、观念、宗教信仰、认知环境等。人文环境是社会本体中隐藏的外界环境，是一种潜移默化的民族精神和灵魂。它的产生和广泛使用体现了人类社会文明进步的客观需要，实际也可以视为人们周围的社会环境。人文环境是专指人类活动不断演变和进化的社会宏观环境，是人为因素造成的、群体性的，而非自然形成的。

当前，尽管相继颁布了一系列的法律法规来保障残疾人的各项权利，在政策上规定了残疾人和健全人享有同样的平等权利，但是由于历史、文化等因素的影响，歧视和偏见、侵害残疾人权益等的现象仍然存在，在有些地方甚至还非常严重。因此，残疾人在实现自己合法权益方面还面临着很多亟待解决的问题，需要从法律、经济、政治、社会舆论等各方面采取综合治理的方式来解决。

6.3.2.2 制度完善和体制建设

我国的残疾人体育管理体制是政府管理型体制，政府在体制中既是“裁判员”又是“运动员”，具有双重角色，集人、财、物的资源于一身，由于大量的行政资源被政府垄断，社会组织在此体系中发挥的作用就相对偏少。现阶段，尽管政府在残疾人体育事业发展中还将扮演重要角色，但是充分发挥社会组织的独特作用将更利于残疾人体育事业的发展。目前，我国政府在体育管理决策上还主要凭借行政权力行使职责，在资源配置上完全依赖行政监控，还没有充分重视市场和社会的作用，科学的监督、评价和激励体制依然没有建立起来。

残疾人体育制度与社会发展水平、经济制度密切相关，因此残疾人体育制度的变革与其他社会政治制度的变革紧密配套、相互关联。而要进行配套的改革，这种改革非体育部门一个主体所能够进行，与残疾人权益保障相关的法律法规的完善也需要一个漫长的过程。

6.3.2.3 无障碍物质环境的建设

无障碍物质环境的完善程度能够充分反映一个社会是否真正重视残疾人权利，它是残疾人走出家门、广泛参与社会活动与生活的前提条件，是保障残疾人群体特殊需求的重要手段，也是保障残疾人群体平等、自由地参与社会生活，共享社会物质文明成果的关键手段。具体要求表现在：城市道路、交通设施、公共建筑和居住区的规划、建筑设计和施工应考虑残疾人通行和使用，如城市道路应满足坐轮椅者、拄拐杖者和视力残疾者安全方便地通行，建筑物应考虑入口、地面、楼梯、电梯、扶手、厕所、房间等公用设施，残疾人是否可以方便到达并简便使用。1974 年，联合国召开“城镇无障碍环境设计专家会议”的报告中提出：“我们所要建立的城市，就是正常人、病人、孩子、老年人、残疾人等，不存在任何不方便和障碍，能够共同平等、自由地生活与行动的城市。”1979 年，联合国指导并制定无障碍设计指导大纲，这一大纲被纳入国际标准化宣言中。1986 年，建设部、民政部与中国残疾人福利基金会共同编制的《方便残疾人使用的城市道路和建筑物设计规范（试行）》于 1989 年开始实施，取得了明显的社会效益。

1990 年 12 月，全国人大常委会颁布《中华人民共和国残疾人保障法》。其中规定：“国家和社会逐步实行方便残疾人的城市道路和建筑物设计规范，采取无障碍保障措施。”我国首次以法律的形式限定无障碍建设，但仅局限于城市道路和建筑物的无障碍设施建设方面。2008 年修订的《中华人民共和国残疾人保障法》将无障碍建设放在更加重要的位置，强化了无障碍建设的具体内容，将原规定的一条扩展为一个章节，对无障碍建设提出了更严格的要求，同时也为制定行政法规和地方性法规提供了重要的参考依据。但到目前为止，我国还没有一部正式的无障碍建设的行政法规，有关无障碍建设的规定一般是由有关部门单独发行，或者多个相关部门以联合名义发布通知或设计规范、标准等规章形式来进行。

信息沟通无障碍环境是残疾人获取外界信息来源的最根本途径，其具体要求是：公共传媒应使听力、语言和视力残疾者能够无障碍地获得信息，无障碍地方便交流，如影视作品、电视节目的字幕和手势解说，电视手语，盲人有声读物和相关网站等。随着科技的进步，越来越多的高科技成为帮助残疾人进行沟通的主要手段，如手机短信、网络等已经成为各类残疾人群体实现远距离信息无障碍沟通的主要工具。

营造一种有利于残疾人体育事业发展的良好外部环境，不仅仅是政府部门的事，每一个社会个体都承担着非常重要的责任。

6.3.3 政府职能的转变

6.3.3.1 “大政府”向“小政府”转变

我国当前的政府机构庞大，占有大量的行政和社会资源。在新的历史时期，政府必须转变思想观念，使政府的职能逐渐从具体事务性的工作中解脱出来，建立健全相关的残疾人法律法规，制定适合当前的各种监督、管理、评价和激励制度。依靠法律法规及相关制度去推进残疾人体育事业的发展，实行体育管理的制度化、法制化，同时在资源配置上重点向市场和社会倾斜，逐步放开政府对重要体育资源的垄断，并制定科学的、合理的价值评判标准。

6.3.3.2 “全能政府”向“有限政府”转变

政府体育管理职能应当根据社会发展实际情况逐步从无所不能、无所不管的状态转向有所为、有所不为的管理状态。具体来讲，就是政府要从大量的事务性工作中解放出来，对残疾人体育实行宏观监控与协调。而政府体育管理制度创新的关键是充分实现管办分离，由垂直管理转向间接调控。我国经济社会的高速发展、人们对于体育价值认识的提高以及残疾人体育事业的发展将越来越多地依靠社会力量和社会组织。依靠政策法规逐步向社会组织开放，真正壮大体育社会社团组织，让其承担必要的社会管理职能。

6.3.3.3 单一的“管理员”角色向“管理员、服务员”角色并重转变

“由传统行政监控型政府向现代公共服务型政府体制转变，是当今世界各国行政体制改革的一项重要内容，政府社会管理的核心和本质就是向社会公民提供优质的社会服务和公共产品。”[1] 政府在角色转换中将从单一的管理功能过渡到向管理和服务并重的功能定位。政府在提供满足要求的公共产品同时管理并协调好各种社会组织，而在残疾人体育领域中，社会组织主要指各种残疾人体育社团。

需要指出的是，当前我国的经济社会结构虽然已经发生了明显的改变，但是残疾人体育的社会化程度并不高，各种体育社团的社会力量还相当薄弱，体育社团的培育仍然任重而道远。因此，现阶段政府在残疾人体育的发展过程中仍需要承担主体的重要作用，尤其是残疾人体育作为一种满足全体残疾人群体的体育公共产品，不能产业化和完全市场化。政府首先应将其作为一项公益事业去管理，同时也应鼓励各种社会团体和企业、个人通过各种形式参与社会活动，逐步吸纳民间力量共同发展残疾人体育事业。

6.3.4 残疾人体育社会组织的培育

改革开放以来，我国生产力显著增强，社会已经广泛积累了大量的资源和财富。这为我国民间社会组织的快速发展奠定了坚实的经济

〔1〕 汪志强．构建和谐社会与管理体制创新［J］．政策，2005（6）：10－11.

基础，政府对民间社会组织的管理也应当根据历史潮流而进一步改革和创新。目前，我国对于社会组织的管理仍然非常严格，管控较严，社会组织的进入门槛较高。政府对体育社会组织的直接监控与领导，大大限制了体育民间力量的发展，让社会组织无法充分发挥作用，绝大部分的体育社会组织几乎都在政府行政部门的管理之下，使其无法真正独立开展活动。政府与社会组织的关系是依附于上下级关系而并非真正的伙伴关系。因此，我国社会组织改革必须首先调整社会组织的作用，大力培育和积极扶持各种社会组织。

7 结论与建议

7.1 中国残疾人体育服务供给模式的选择

目前我国残疾人体育供给主体是单一的政府供给模式，经过测算，此种模式的供给效率较低并导致残疾人体育资源不足与浪费并存，不利于残疾人体育有限资源的合理、优化配置。就我国目前的实际情况而言，实行政府供给为主并充分发挥市场供给和自愿供给作用的多元供给主体组合模式，更有利于节约交易成本，实现帕累托效率的改善，政府—市场—自愿三供给主体结合模式是符合当前我国现实国情的供给模式。但是，各供给主体究竟应该在实际的供给中占多大比例，目前理论界还没有成熟的理论和标准，需要进一步的研究和论证。

7.2 中国残疾人体育服务供给模式要与中国的现实国情相适应

美国市场化程度较高，法律法规和社会保障制度健全，民间慈善组织发达，政府仅提供残疾人体育基本公共产品，充分利用社会资源就能使残疾人体育资源得到有效配置。由于两国基本国情的差异，我国在残疾人体育供给主体模式的选择中不能简单照搬美国模式，强制性变迁必然会导致我国残疾人体育供给主体变革“水土不服”。

7.3 转变政府职能

我国各级政府在职能行使方面存在着“越位”和“缺位”并存的现象。政府必须切实转变职能，政府的责任就是制定规则、提供公共产品、进行有效监管。政府必须从大量的事务性工作中解脱出来，实行管办分离；深化残疾人体育管理体制的改革，大量培育社会组织，使其分担更多的残疾人体育服务。这不仅是我国政治体制改革的重要内容，也是我国残疾人体育持续、健康发展的必要条件。

7.4 用以人为本的科学发展观指导当前我国残疾人体育的发展

必须修正当前我国残疾人体育发展理念，真正树立以人为本的残疾人体育发展观，重竞技、轻群体的状况才能得到根本改变，才能真正做到尊重并切实保障全体残疾人的体育权益。用以人为本的科学发展观指导和进行残疾人体育的发展和实践，才是我国残疾人体育发展的根本出发点和落脚点。

后　记

在电脑中敲下“后记”这两个字时，转头望望窗外，天空已经微微泛白，新的一天又开始了。回首过去几年艰辛的学习、工作和生活，各种滋味悄然涌上心头，痛并快乐着就是这种复杂心情的真实写照。完成这部书稿，我更多感受到的是惭愧和战战兢兢。尽管我倍加努力，但还是因才疏学浅，恐难令严师满意，此惭愧一；业余学习的完成要付出巨大的艰辛和努力，几年来难以照顾年迈的母亲，一转眼，儿子也已从牙牙学语、蹒跚学步成为小学生，虽为人子、人父却未尽其责，此惭愧二。

在我求学的几年当中，华南师范大学体育学院体育人文社会学方向的各位老师给了我莫大的帮助和关怀，卢元镇老师的犀利、杨文轩老师的睿智、胡小明老师的深邃、周爱光老师的严谨、谭华老师的广博、陈琦老师的敏锐，无不给我留下深刻的印象。导师谭华教授在我选题、开题、写作等方面倾注了大量的心血，诱掖之恩，深铭五内。

在美国春田学院学习期间的论文资料的收集过程中，刘展教授及其在春田学院图书馆工作的夫人徐萍女士给了我许多直接的帮助和鼓励。我在春田学院期间选修的残疾人体育课程主讲老师 Michael P. Accordino 博士给了我宝贵的指导；香港教育学院资深特殊体育研究专家陈适晖博士在美国残疾人体育方面造诣很深，对其的访谈使我获益良多；同时，还要感谢我的博士同窗于永慧、石龙、张细谦、鲁长芬、刘燕舞在很多方面给予我的有益帮助。我的同事张保华教授和张新萍博士在论文的修改阶段给我提出许多宝贵的意见和建议，在此一并感谢!

我很庆幸生活在信息化的时代，发达的网络给我在论文资料的查询中带来了极大的便利；同时还要感谢所引用中外科研论文和著作的作者，在拜读他们论著的过程中我获得大量灵感。引用大科学家牛顿的一句名言：我之所以看得更远是因为我站在巨人肩膀上。尽管我看得还不够远。

宋丽娜女士是我生活的伴侣，几年来给予我的学业以巨大的支持和帮助，并在我读书期间独自带幼子在异乡工作生活，先从广州到福州，后又回到广州，继而又到珠海工作，现在又独自一人带幼子移居美国波特兰，经历了种种生活的艰辛和磨砺，对此我深表内疚和谢意!

对于我这种在职读博的“老”学生而言，既要完成自己的本职工作又要完成自己的学业，无数个夜晚的挑灯夜战和白天的繁忙工作，是对体力和精力的双重考验。回首几年来走过的路，个中艰辛难于言表!

窗外的红日已经喷薄而出，看着冉冉升起的太阳，虽然这几年已经是华发早生，但生活依旧是如此美好。同时也深深感到自己的学术生涯才刚刚开始，路漫漫其修远兮，吾将上下而求索!

何文胜